中华人民共和国行业标准

公路工程建设项目概算预算编制办法

JTG 3830—2018

主编单位:交通运输部路网监测与应急处置中心
批准部门:中华人民共和国交通运输部
实施日期:2019 年 05 月 01 日

人民交通出版社股份有限公司

图书在版编目(CIP)数据

公路工程建设项目概算预算编制办法 : JTG 3830—2018 / 交通运输部路网监测与应急处置中心主编. — 北京 : 人民交通出版社股份有限公司, 2019. 1

ISBN 978-7-114-14364-9

Ⅰ. ①公… Ⅱ. ①交… Ⅲ. ①道路工程—概算编制②道路工程—预算编制 Ⅳ. ①U415. 13

中国版本图书馆 CIP 数据核字(2019)第 002362 号

标准类型: 中华人民共和国行业标准
Gonglu Gongcheng Jianshe Xiangmu Gaisuan Yusuan Bianzhi Banfa
标准名称: 公路工程建设项目概算预算编制办法
标准编号: JTG 3830—2018
主编单位: 交通运输部路网监测与应急处置中心
责任编辑: 吴有铭 李 农 丁 遥
责任校对: 赵媛媛
责任印制: 刘高彤
出版发行: 人民交通出版社股份有限公司
地 址: (100011)北京市朝阳区安定门外外馆斜街 3 号
网 址: http://www.ccpress.com.cn
销售电话: (010)59757973
总 经 销: 人民交通出版社股份有限公司发行部
经 销: 各地新华书店
印 刷: 北京市密东印刷有限公司
开 本: 880 × 1230 1/16
印 张: 7.75
字 数: 163 千
版 次: 2019 年 1 月 第 1 版
印 次: 2024 年 4 月 第 7 次印刷
书 号: ISBN 978-7-114-14364-9
定 价: 60.00 元
(有印刷、装订质量问题的图书,由本公司负责调换)

中华人民共和国交通运输部

公　　告

第86号

交通运输部关于发布《公路工程建设项目投资估算编制办法》《公路工程建设项目概算预算编制办法》及《公路工程估算指标》《公路工程概算定额》《公路工程预算定额》《公路工程机械台班费用定额》的公告

现发布《公路工程建设项目投资估算编制办法》(JTG 3820—2018)、《公路工程建设项目概算预算编制办法》(JTG 3830—2018) 作为公路工程行业标准;《公路工程估算指标》(JTG/T 3821—2018)、《公路工程概算定额》(JTG/T 3831—2018)、《公路工程预算定额》(JTG/T 3832—2018)、《公路工程机械台班费用定额》(JTG/T 3833—2018) 作为公路工程行业推荐性标准,自2019年5月1日起施行。原《公路工程基本建设项目投资估算编制办法》(JTG M20—2011)、《公路工程基本建设项目概算预算编制办法》(JTG B06—2007)、《公路工程估算指标》(JTG/T M21—2011)、《公路工程概算定额》(JTG/T B06-01—2007)、《公路工程预算定额》(JTG/T B06-02—2007)、《公路工程机械台班费用定额》(JTG/T B06-03—2007) 同时废止。

上述标准的管理权和解释权归交通运输部,日常解释和管理工作由主编单位交通运输部路网监测与应急处置中心负责。请各有关单位注意在实践中总结经验，及时将发现的问题和修改建议函告交通运输部路网监测与应急处置中心（地址：北京市朝阳区安定路5号院8号楼外运大厦21层，邮政编码：100029）。

特此公告。

中华人民共和国交通运输部

2018年12月17日

交通运输部办公厅 2018年12月19日印发

前　言

为加强公路工程造价管理，合理确定和有效控制公路建设项目投资，根据交通运输部办公厅交公路字〔2013〕169号《关于下达2013年度公路工程行业标准规范制修订项目计划的通知》的要求，由交通运输部路网监测与应急处置中心作为主编单位，负责修订《公路工程基本建设项目概算预算编制办法》（JTG B06—2007）（以下简称“本办法”）。

本办法修订工作，结合《公路工程建设项目造价文件管理导则》（JTG 3810—2018），系统地总结了多年来我国公路工程建设项目造价管理的经验，充分调研了全国公路建设管理的现状，按照深化公路建设管理体制改革的要求，严格遵循公路工程标准规范，根据国家相关政策并考虑公路行业建设特点，广泛征求了各级交通运输主管部门和行业意见，并通过测算验证后编制而成。本办法修订调整了概算预算费用组成，调整了各项费用标准和计算方法，按路基、路面、涵洞、桥梁、隧道、绿化等费用模块划分项目节等。

修订后的《公路工程建设项目概算预算编制办法》（JTG 3830—2018）包括3章和7个附录，分别是：1 总则、2 概算预算编制方法、3 概算预算费用标准和计算方法、附录A～G。

请各有关单位在实践中注意总结经验，将发现的问题和意见及时函告本办法主编单位，交通运输部路网监测与应急处置中心（地址：北京市朝阳区安定路5号院8号楼外运大厦21层；联系人：方申；邮政编码：100029；电话：010-65299193；传真：010-65299196；邮箱：lwzxzj@163. com），以便修订时参考。

主 编 单 位：交通运输部路网监测与应急处置中心

参 编 单 位：浙江省交通建设工程造价管理站

湖南省交通运输厅交通建设造价管理站

贵州省交通建设工程造价管理站

广东省交通运输工程造价事务中心

云南省交通运输厅工程造价管理局

广东海事局

国道网（北京）交通科技有限公司

昆明海巍科技有限公司

中交公路规划设计院有限公司
中交第一公路勘察设计研究院有限公司
中交第二公路勘察设计研究院有限公司
深圳高速工程顾问有限公司
华杰工程咨询有限公司

主　　编： 方　申
主要参编人员： 王彩仙　杨志朴　帖卉霞　李　宁　李　燕　陈同生
张　磊　李　征　杨　莉　陈永真　余佩群　杨智勇
王春雷　邵　宏　陈　亮　于泽友　王燕平　易万中
张道德　张景博　龙崇美　莫　钧　晏　宇　张　平
彭耀军　梁德章　冯　彬　李雄兵　王欲敏　王　博
王　楹　夏陆然

主　　审： 赵晞伟
参与审查人员： 张建军　张慧彧　张冬青　孙　静　桂志敬　唐世强
黄成造　陈乐生　郜玉兰　李春风　杜洪烈　闫秋波
姚　沅　张艳平　张　靖　王　荣

目　次

1 总则

1.0.1 为加强公路工程造价管理,合理确定和有效控制工程造价,制定本办法。

1.0.2 本办法适用于编制新建、改(扩)建的公路工程建设项目设计概算和施工图预算。

1.0.3 设计概算是初步设计文件和技术设计文件的重要组成部分。经批准后的概算应是建设项目投资的最高限额。

1.0.4 施工图预算是施工图设计文件的重要组成部分。施工图预算应控制在批准的设计概算范围之内。

1.0.5 编制设计概算和施工图预算时,应根据项目的设计文件,全面了解工程所在地的建设条件,掌握各项基础资料,正确引用定额、取费标准、人工单价、材料与设备价格,按本办法进行编制。

1.0.6 公路工程建设项目的设计概算或施工图预算造价文件分多段编制时,应统一编制原则,将分段造价汇总成项目总造价。总造价与前一阶段总造价应做对比分析,以利于造价控制。需单独反映造价的联络线、支线以及规模较大的辅道、连接线工程,应单独编制造价文件,并汇总至项目总造价。

1.0.7 本办法及配套定额未包含的专业工程的建筑安装工程费可执行相应行业定额及规定。

1.0.8 各省(自治区、直辖市)交通运输主管部门,可在本办法的基础上结合当地实际情况制定补充规定。

1.0.9 编制设计概算和施工图预算时,除应符合本办法的规定外,尚应符合国家及行业现行有关标准的规定。

2 概算预算编制方法

2.1 基本规定

2.1.1 编制概算、预算时应根据现行《公路工程概算定额》(JTG/T 3831)、《公路工程预算定额》(JTG/T 3832)规定的人工、材料与设备、机械台班消耗量和按本办法规定的概算、预算编制时工程所在地的人工费工日单价、材料预算单价和施工机械台班单价计算出工程项目的工、料、机费用,并按本办法的规定计算各项费用。

2.2 编制依据

2.2.1 设计概算编制依据应包括下列内容:

1 国家发布的有关法律、法规等。

2 本办法及配套定额。

3 工程所在地省级交通运输主管部门发布的补充规定和定额等。

4 可行性研究报告的批(核)准文件(修正概算时为初步设计批复文件)等有关资料。

5 初步设计(或技术设计)图纸等设计文件、工程施工方案(含施工组织设计)。

6 工程所在地的人工、材料与设备、施工机械价格等。

7 有关合同、协议等。

8 其他有关资料。

2.2.2 施工图预算编制依据应包括下列内容:

1 国家发布的有关法律、法规等。

2 本办法及配套定额。

3 工程所在地省级交通运输主管部门发布的补充规定和定额等。

4 批准的初步设计文件(或技术设计文件,若有)等有关资料。

5 施工图设计图纸等设计文件、工程施工方案(含施工组织设计)。

6 工程所在地的人工、材料与设备、施工机械价格等。

7 有关合同、协议等。

8 其他有关资料。

2.3 文件组成

2.3.1 概算、预算文件应由封面、扉页、目录、编制说明及全部计算表格组成。

2.3.2 封面和扉页应按现行《公路工程基本建设项目设计文件编制办法》中的规定制作。扉页的次页和目录应按本办法附录A的规定制作。

2.3.3 编制说明应包括下列内容：

1 建设项目设计文件的依据。

2 编制范围、工程概况等。

3 采用的定额、费用标准，人工、材料与设备、施工机械台班预算单价的依据或来源，新增工艺的单价分析等。

4 有关的协议书、会议纪要的主要内容。

5 概算、预算总金额，人工、钢材、水泥、沥青等的总量。

6 各设计方案的经济比较。

7 项目综合经济技术指标统计，对比分析本阶段与上阶段工程数量、造价的变化情况。

8 其他有关费用计算项及计价依据的说明。

9 采用的公路工程造价软件名称及版本号。

10 其他需要说明的问题。

2.3.4 概算、预算的材料与设备、施工机械台班单价及各项费用的计算均应通过规定的统一表格表述，表格样式应符合本办法附录A的规定。

2.3.5 概算、预算文件可按不同的需要分为甲、乙组文件，并应符合下列规定：

1 甲组文件为各项费用计算表，乙组文件为建筑安装工程费各项基础数据计算表。甲、乙组文件应按现行《公路工程基本建设项目设计文件编制办法》中关于设计文件报送份数的要求，随设计文件一并报送，并同时提交可计算的造价电子数据文件和新工艺单价分析的详细资料。

2 乙组文件中的“分项工程概（预）算表”（21-2表）可只提交电子版，或按需要提交纸质版。

3 概算、预算应按一个建设项目［如一条路线或一座独立大（中）桥、隧道］进行编制。当一个建设项目需要分段或分部编制时，应根据需要分别编制，但必须汇总编制“总概（预）算汇总表”。

4 甲、乙组文件包括的内容如图2.3.5所示。

甲组文件
- 编制说明
- 项目前后阶段费用对比表
- 建设项目属性及技术经济信息表(00 表)
- 总概(预)算汇总表(01-1 表)
- 总概(预)算人工、主要材料、施工机械台班数量汇总表(02-1 表)
- 总概(预)算表(01 表)
- 人工、主要材料、施工机械台班数量汇总表(02 表)
- 建筑安装工程费计算表(03 表)
- 综合费率计算表(04 表)
- 综合费计算表(04-1 表)
- 设备费计算表(05 表)
- 专项费用计算表(06 表)
- 土地使用及拆迁补偿费计算表(07 表)
- 工程建设其他费计算表(08 表)
- 人工、材料、施工机械台班单价汇总表(09 表)

a)甲组文件

乙组文件
- 分项工程概(预)算计算数据表(21-1 表)
- 分项工程概(预)算表(21-2 表)
- 材料预算单价计算表(22 表)
- 自采材料料场价格计算表(23-1 表)
- 材料自办运输单位运费计算表(23-2 表)
- 施工机械台班单价计算表(24 表)
- 辅助生产人工、材料、施工机械台班单位数量表(25 表)

b)乙组文件

图 2.3.5 甲、乙组文件包含的内容

2.3.6 各种表格的计算顺序和相互关系如图 2.3.6 所示。

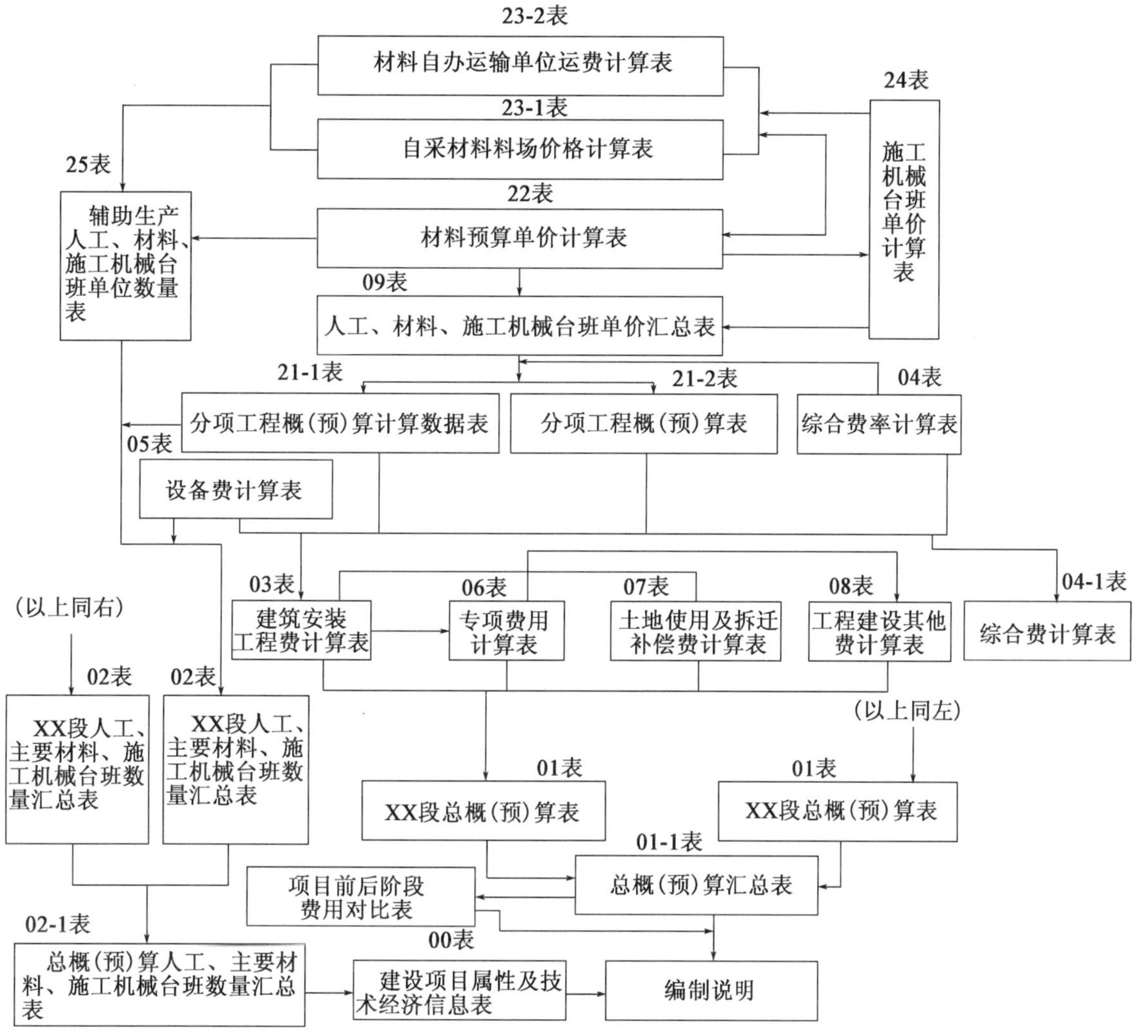

图2.3.6　各种表格的计算顺序和相互关系

2.4　概算预算项目及编码规则

2.4.1　概算、预算项目应按项目表的序列及内容编制。当实际出现的工程和费用项目与项目表的内容不完全相符时,第一、二、三、四、五部分和“项”的序号、内容应保留不变,项目表中的“项”以下的分项在引用时应保持序号、内容不变,缺少的分项内容可随需要就近增加,并按项目表的顺序以实际出现的级别依次排列,不保留缺少的“项”以下的项目序号。

2.4.2　概算、预算项目主要内容如图2.4.2所示,概算预算项目表的详细内容见本办法附录B。

第一部分　建筑安装工程费

第一项　临时工程

第二项　路基工程

第三项　路面工程

第四项　桥梁涵洞工程

第五项　隧道工程

第六项　交叉工程

第七项　交通工程及沿线设施

第八项　绿化及环境保护工程

第九项　其他工程

第十项　专项费用

1. 施工场地建设费

2. 安全生产费

第二部分　土地使用及拆迁补偿费

第三部分　工程建设其他费

第四部分　预备费

第五部分　建设期贷款利息

图2.4.2　概算、预算项目主要内容

2.4.3　分项编号采用部(1位数)、项(2位数)、目(2位数)、节(2位数)、细目(2位数)组成,以部、项、目、节、细目等依次逐层展开,概预算分项编号详见附录B。

2.5　费用组成

2.5.1　概算、预算的费用组成如图2.5.1所示。

- 概（预）算总金额
  - 建筑安装工程费
    - 直接费
      - 人工费
      - 材料费
      - 施工机械使用费
    - 设备购置费
    - 措施费
      - 冬季施工增加费
      - 雨季施工增加费
      - 夜间施工增加费
      - 特殊地区施工增加费
        - 高原地区施工增加费
        - 风沙地区施工增加费
        - 沿海地区施工增加费
      - 行车干扰施工增加费
      - 施工辅助费
      - 工地转移费
    - 企业管理费
      - 基本费用
      - 主副食运费补贴
      - 职工探亲路费
      - 职工取暖补贴
      - 财务费用
    - 规费
      - 养老保险费
      - 失业保险费
      - 医疗保险费
      - 工伤保险费
      - 住房公积金
    - 利润
    - 税金
    - 专项费用
      - 施工场地建设费
      - 安全生产费
  - 土地使用及拆迁补偿费
  - 工程建设其他费
    - 建设项目管理费
      - 建设单位(业主)管理费
      - 建设项目信息化费
      - 工程监理费
      - 设计文件审查费
      - 竣(交)工验收试验检测费
    - 研究试验费
    - 建设项目前期工作费
    - 专项评价(估)费
    - 联合试运转费
    - 生产准备费
      - 工器具购置费
      - 办公和生活用家具购置费
      - 生产人员培训费
      - 应急保通设备购置费
    - 工程保通管理费
    - 工程保险费
    - 其他相关费用
  - 预备费
    - 基本预备费
    - 价差预备费
  - 建设期贷款利息

图 2.5.1　概算、预算费用的组成

3 概算预算费用标准和计算方法

3.1 建筑安装工程费

3.1.1 建筑安装工程费包括直接费、设备购置费、措施费、企业管理费、规费、利润、税金和专项费用。建筑安装工程费除专项费用外,其他均按"价税分离"计价规则计算,即各项费用均以不含增值税可抵扣进项税额的价格(费率)进行计算,具体要素价格适用增值税税率执行财税部门的相关规定。定额建筑安装工程费包括定额直接费、定额设备购置费的40%、措施费、企业管理费、规费、利润、税金和专项费用,定额直接费包括定额人工费、定额材料费、定额施工机械使用费。

定额人工费、定额材料费、定额施工机械使用费以及定额设备购置费均按《公路工程预算定额》(JTG/T 3832—2018)附录四"定额人工、材料、设备单价表"及现行《公路工程机械台班费用定额》(JTG/T 3833)中规定的人工、材料、设备、机械的相应基价计算的定额费用计取。

3.1.2 直接费指施工过程中耗费的构成工程实体和有助于工程形成的各项费用,包括人工费、材料费、施工机械使用费。

1 人工费指列入概算、预算定额的直接从事建筑安装工程施工的生产工人开支的各项费用。

1)包括:

——计时工资或计件工资:指按计时工资标准和工作时间或对已做工作按计件单价支付给个人的劳动报酬。

——津贴、补贴:指为了补偿职工特殊或额外的劳动消耗和因其他特殊原因支付给个人的津贴,以及为了保证职工工资水平不受物价影响支付给个人的物价补贴。如流动施工津贴、特殊地区施工津贴、高温(寒)作业临时津贴、高空津贴等。

——特殊情况下支付的工资:指根据国家法律、法规和政策规定,因病、工伤、产假、计划生育假、婚丧假、事假、探亲假、定期休假、停工学习、执行国家或社会义务等原因按计时工资标准或计件工资标准的一定比例支付的工资。

2)人工费以概算、预算定额人工工日数乘以综合工日单价计算。

3)人工费标准按照本地区公路建设项目的人工工资统计情况以及公路建设劳务市场情况进行综合分析、确定人工工日单价。人工工日单价由省级交通运输主管部门制定发布,并适时进行动态调整。人工工日单价仅作为编制概算、预算的依据,不作为施工企业实发工资的依据。

2　材料费指施工过程中耗用的构成工程实体的原材料、辅助材料、构配件、零件、半成品或成品等，按工程所在地的材料价格计算的费用。

1）材料预算价格由材料原价、运杂费、场外运输损耗、采购及保管费组成。

2）材料预算价格 =（材料原价 + 运杂费）×（1 + 场外运输损耗率）×（1 + 采购及保管费率）- 包装品回收价值。

——各种材料原价按下列规定计算：

a）外购材料：外购材料价格参照本行政区域内交通运输主管部门发布的价格和按调查的市场价格进行综合取定。

b）自采材料：自采的砂、石、黏土等，按定额中开采单价加辅助生产间接费和矿产资源税（如有）计算。

——运杂费指材料自供应地点至工地仓库（施工地点存放材料的地方）的费用，包括装卸费、运费，如果发生，还应计囤存费及其他杂费（如过磅、标签、支撑加固、路桥通行等费用）。

a）通过铁路、水路和公路运输的材料，按调查的市场运价计算运费。

b）一种材料当有两个以上的供应点时，应根据不同的运距、运量、运价采用加权平均的方法计算运费。由于概算、预算定额中已考虑了工地运输便道的特点，以及定额中已计入了“工地小搬运”的费用，因此汽车运输平均运距中不得乘调整系数，也不得在工地仓库或堆料场之外再加场内运距或二次倒运的运距。

c）有容器或包装的材料及长大轻浮材料，应按表 3.1.2-1 规定的毛质量计算。桶装沥青、汽油、柴油按每吨摊销一个旧汽油桶计算包装费（不计回收）。

表 3.1.2-1　材料毛质量系数及单位毛质量表

材料名称	单位	毛质量系数	单位毛质量
爆破材料	t	1.35	—
水泥、块状沥青	t	1.01	—
铁钉、铁件、焊条	t	1.10	—
液体沥青、液体燃料、水	t	桶装 1.17，油罐车装 1.00	—
木料	m^3	—	原木 0.750t，锯材 0.650t
草袋	个	—	0.004t

——场外运输损耗指有些材料在正常的运输过程中发生的损耗。材料场外运输损耗率见表 3.1.2-2。

表 3.1.2-2　材料场外运输损耗率表（%）

材料名称		场外运输（包括一次装卸）	每增加一次装卸
块状沥青		0.5	0.2
石屑、碎砾石、砂砾、煤渣、工业废渣、煤		1.0	0.4
砖、瓦、桶装沥青、石灰、黏土		3.0	1.0
草皮		7.0	3.0
水泥（袋装、散装）		1.0	0.4
砂	一般地区	2.5	1.0
	风沙地区	5.0	2.0

注：汽车运水泥，当运距超过 500km 时，袋装水泥损耗率增加 0.5 个百分点。

——采购及保管费:

a)材料采购及保管费指在组织采购、保管过程中,所需的各项费用及工地仓库的材料储存损耗。

b)材料采购及保管费,以材料的原价加运杂费及场外运输损耗的合计数为基数,乘以采购及保管费费率计算。

c)钢材的采购及保管费费率为0.75%,燃料、爆破材料为3.26%,其余材料为2.06%。商品水泥混凝土、沥青混合料和各类稳定土混合料、外购的构件、成品及半成品的预算价格计算方法与材料相同。商品水泥混凝土、沥青混合料和各类稳定土混合料不计采购及保管费,外购的构件、成品及半成品的采购及保管费费率为0.42%。

3 施工机械使用费指列入概算、预算定额的工程机械和工程仪器仪表台班数量,按相应的施工机械台班费用定额计算的费用等。

1)工程机械使用费。机械台班预算价格应按现行《公路工程机械台班费用定额》(JTG/T 3833)计算,机械台班单价由不变费用和可变费用组成。不变费用包括折旧费、检修费、维护费、安拆辅助费等;可变费用包括机上人员人工费、动力燃料费、车船税。可变费用中的人工工日数及动力燃料消耗量,应以机械台班费用定额中的数值为准。台班人工费工日单价同生产工人人工费单价。动力燃料费用则按材料费的计算规定计算。

2)工程仪器仪表使用费指机电工程施工作业所发生的仪器仪表使用费,以施工仪器仪表台班耗用量乘以施工仪器仪表台班单价计算。

——工程仪器仪表台班预算价格应按现行《公路工程机械台班费用定额》(JTG/T 3833)计算。台班人工费工日单价同生产工人人工费单价。动力燃料费用则按材料费的计算规定计算。

——当工程用电为自行发电时,电动机械每kW·h(度)电的单价可由下述公式计算:

$$A = 0.15K/N \tag{3.1.2}$$

式中:A——每kW·h电单价(元);

K——发电机组的台班单价(元);

N——发电机组的总功率(kW)。

3.1.3 设备购置费指为满足公路初期运营、管理需要购置的构成固定资产标准的设备和虽低于固定资产标准但属于设计明确列入设备清单的设备的费用,包括渡口设备,隧道照明、消防、通风的动力设备,公路收费、监控、通信、路网运行监测、供配电及照明设备等。

1 设备购置费应列出计划购置的清单(包括设备的规格、型号、数量),以设备预算价计入。

2 设备购置费包括设备原价、运杂费、运输保险费、采购及保管费,各种税费按编制期有关部门规定计算。

3 需要安装的设备,按建筑安装工程费的有关规定计算设备的安装工程费。设备与材料的划分标准本办法见附录C。

3.1.4 工程类别划分如下：

1 土方：指人工及机械施工的土方工程、路基掺灰、路基换填及台背回填。

2 石方：指人工及机械施工的石方工程。

3 运输：指用汽车、拖拉机、机动翻斗车、船舶等运送土石方、路面基层和面层混合料、水泥混凝土及预制构件、绿化苗木等工程。

4 路面：指路面所有结构层工程、路面附属工程、便道以及特殊路基处理工程（不含特殊路基处理中的圬工构造物）。

5 隧道：指隧道土建工程（不含隧道的钢材及钢结构）。

6 构造物Ⅰ：指砍树挖根、拆除工程、排水、防护、特殊路基处理中的圬工构造物、涵洞、交通安全设施、拌和站（楼）安拆工程、便桥、便涵、临时电力和电信设施、临时轨道、临时码头、绿化工程等工程。

7 构造物Ⅱ：指小桥、中桥、大桥、特大桥工程。

8 构造物Ⅲ：指商品水泥混凝土的浇筑、商品沥青混合料和各类商品稳定土混合料的铺筑、外购混凝土构件、设备安装工程等。

9 技术复杂大桥：指钢管拱桥、斜拉桥、悬索桥、单孔跨径在120m以上（含120m）和基础水深在10m以上（含10m）的大桥主桥部分的基础、下部和上部工程（不含桥梁的钢材及钢结构）。

10 钢材及钢结构：指所有工程的钢材及钢结构等工程。

3.1.5 购买的路基填料、绿化苗木、商品水泥混凝土、商品沥青混合料和各类稳定土混合料、外购混凝土构件不作为措施费及企业管理费的计算基数。

3.1.6 措施费包括冬季施工增加费、雨季施工增加费、夜间施工增加费、特殊地区施工增加费、行车干扰施工增加费、施工辅助费、工地转移费。

1 冬季施工增加费指按照公路工程施工及验收规范所规定的冬季施工要求，为保证工程质量和安全生产所需采取的防寒保温设施、工效降低和机械作业效率降低以及技术操作过程的改变等所增加的有关费用。

1）冬季施工增加费的内容包括：

——因冬季施工所需增加的一切人工、机械与材料的支出。

——施工机械所需修建的暖棚（包括拆、移），增加其他保温设备购置费用。

——因施工组织设计确定，需增加的一切保温、加温等有关支出。

——清除工作地点的冰雪等与冬季施工有关的其他各项费用。

2）全国冬季施工气温区划分表见本办法附录D。

3）冬季施工增加费的计算方法，是根据各类工程的特点，规定各气温区的取费标准。为了简化计算手续，采用全年平均摊销的方法，即不论是否在冬季施工，均按规定的取费标准计取冬季施工增加费。

4）一条路线穿过两个以上气温区时，可分段计算或按各区的工程量比例求得全线的平均增加率,计算冬季施工增加费。

5)冬季施工增加费以各类工程的定额人工费和定额施工机械使用费之和为基数,按工程所在地的气温区选用表3.1.6-1的费率计算。

表3.1.6-1 冬季施工增加费费率表(%)

工程类别	冬季期平均温度(℃)								准一区	准二区
	-1以上		-1～-4		-4～-7	-7～-10	-10～-14	-14以下		
	冬一区		冬二区		冬三区	冬四区	冬五区	冬六区		
	Ⅰ	Ⅱ	Ⅰ	Ⅱ						
土方	0.835	1.301	1.800	2.270	4.288	6.094	9.140	13.720	—	—
石方	0.164	0.266	0.368	0.429	0.859	1.248	1.861	2.801	—	—
运输	0.166	0.25	0.354	0.437	0.832	1.165	1.748	2.643	—	—
路面	0.566	0.842	1.181	1.371	2.449	3.273	4.909	7.364	0.073	0.198
隧道	0.203	0.385	0.548	0.710	1.175	1.52	2.269	3.425	—	—
构造物Ⅰ	0.652	0.940	1.265	1.438	2.607	3.527	5.291	7.936	0.115	0.288
构造物Ⅱ	0.868	1.240	1.675	1.902	3.452	4.693	7.028	10.542	0.165	0.393
构造物Ⅲ	1.616	2.296	3.114	3.523	6.403	8.680	13.020	19.520	0.292	0.721
技术复杂大桥	1.019	1.444	1.975	2.230	4.057	5.479	8.219	12.338	0.170	0.446
钢材及钢结构	0.04	0.101	0.141	0.181	0.301	0.381	0.581	0.861	—	—

注:绿化工程不计冬季施工增加费。

2 雨季施工增加费指雨季期间施工为保证工程质量和安全生产所需采取的防雨、排水、防潮和防护措施、工效降低和机械作业率降低以及技术操作过程的改变等,所需增加的有关费用。

1)雨季施工增加费的内容包括:

——因雨季施工所需增加的工、料、机费用的支出,包括工作效率的降低及易被雨水冲毁的工程所增加的清理坍塌基坑和堵塞排水沟、填补路基边坡冲沟等工作内容。

——路基土方工程的开挖和运输,因雨季施工(非土壤中水影响)而引起的黏附工具、降低工效所增加的费用。

——因防止雨水必须采取的挖临时排水沟、防止基坑坍塌所需的支撑、挡板等防护措施费用。

——材料因受潮、受湿的耗损费用。

——增加防雨、防潮设备的费用。

——因河水高涨致使工作困难等其他有关雨季施工所需增加的费用。

2)全国雨季施工雨量区及雨季期划分见本办法附录E。

3)雨季施工增加费的计算方法,是将全国划分为若干雨量区和雨季期,并根据各类工程的特点规定各雨量区和雨季期的取费标准。为了简化计算手续,采用全年平均摊销的方法,即不论是否在雨季施工,均按规定的取费标准计取雨季施工增加费。

4)一条路线通过不同的雨量区和雨季期时,应分别计算雨季施工增加费或按工程量比例求得平均的增加率,计算全线雨季施工增加费。

5)雨季施工增加费以各类工程的定额人工费和定额施工机械使用费之和为基数,按工程所在地的雨量区、雨季期选用表3.1.6-2的费率计算。

表 3.1.6-2　雨季施工增加费费率表(%)

工程类别	雨季期(月数)																			
	1	1.5	2		2.5		3		3.5		4		4.5		5		6		7	8
	雨量区																			
	Ⅰ	Ⅰ	Ⅰ	Ⅱ	Ⅰ	Ⅱ	Ⅰ	Ⅱ	Ⅰ	Ⅱ	Ⅰ	Ⅱ	Ⅰ	Ⅱ	Ⅰ	Ⅱ	Ⅰ	Ⅱ	Ⅱ	Ⅱ
土方	0.140	0.175	0.245	0.385	0.315	0.455	0.385	0.525	0.455	0.595	0.525	0.700	0.595	0.805	0.665	0.939	0.764	1.114	1.289	1.499
石方	0.105	0.140	0.212	0.349	0.280	0.420	0.349	0.491	0.418	0.563	0.487	0.667	0.555	0.772	0.626	0.876	0.701	1.018	1.194	1.373
运输	0.142	0.178	0.249	0.391	0.320	0.462	0.391	0.568	0.462	0.675	0.533	0.781	0.604	0.888	0.675	0.959	0.781	1.136	1.314	1.527
路面	0.115	0.153	0.230	0.366	0.306	0.480	0.366	0.557	0.425	0.634	0.501	0.710	0.578	0.825	0.654	0.940	0.749	1.093	1.267	1.459
隧道	—	—	—	—	—	—	—	—	—	—	—	—	—	—	—	—	—	—	—	—
构造物Ⅰ	0.098	0.131	0.164	0.262	0.196	0.295	0.229	0.360	0.262	0.426	0.327	0.491	0.393	0.557	0.458	0.622	0.524	0.753	0.884	1.015
构造物Ⅱ	0.106	0.141	0.177	0.282	0.247	0.353	0.282	0.424	0.318	0.494	0.388	0.565	0.459	0.636	0.530	0.742	0.600	0.883	1.059	1.201
构造物Ⅲ	0.200	0.266	0.366	0.565	0.466	0.699	0.565	0.832	0.665	0.998	0.765	1.164	0.898	1.331	1.031	1.497	1.164	1.730	1.996	2.295
技术复杂大桥	0.109	0.181	0.254	0.363	0.290	0.435	0.363	0.508	0.435	0.580	0.508	0.689	0.580	0.798	0.653	0.907	0.725	1.052	1.233	1.414
钢材及钢结构	—	—	—	—	—	—	—	—	—	—	—	—	—	—	—	—	—	—	—	—

注:室内和隧道内工程及设备安装工程不计雨季施工增加费。

3　夜间施工增加费指根据设计、施工技术规范和合理的施工组织要求,必须在夜间施工或必须昼夜连续施工而发生的夜班补助费、夜间施工降效、施工照明设备摊销及照明用电等费用。夜间施工增加费以夜间施工工程项目的定额人工费与定额施工机械使用费之和为基数,按表 3.1.6-3 的费率计算。

表 3.1.6-3　夜间施工增加费费率表(%)

工程类别	费率	工程类别	费率
构造物Ⅱ	0.903	构造物Ⅲ	1.702
技术复杂大桥	0.928	钢材及钢结构	0.874

注:设备安装工程及金属标志牌、防撞钢护栏、防眩板(网)、隔离栅、防护网等不计夜间施工增加费。

4　特殊地区施工增加费包括高原地区施工增加费、风沙地区施工增加费和沿海地区施工增加费三项。

1)高原地区施工增加费指在海拔 2000m 以上地区施工,由于受气候、气压的影响,致使人工、机械效率降低而增加的费用。

——一条路线通过两个以上(含两个)不同的海拔分区时,应分别计算高原地区施工增加费或按工程量比例求得平均的增加率,计算全线高原地区施工增加费。

——高原地区施工增加费以各类工程的定额人工费与定额施工机械使用费之和为基数,按表 3.1.6-4 的费率计算。

表 3.1.6-4　高原地区施工增加费费率表(%)

工程类别	海拔(m)						
	2001～2500	2501～3000	3001～3500	3501～4000	4001～4500	4501～5000	5000 以上
土方	13.295	19.709	27.455	38.875	53.102	70.162	91.853
石方	13.711	20.358	29.025	41.435	56.875	75.358	100.223
运输	13.288	19.666	26.575	37.205	50.493	66.438	85.040
路面	14.572	21.618	30.689	45.032	59.615	79.500	102.640
隧道	13.364	19.850	28.490	40.767	56.037	74.302	99.259
构造物Ⅰ	12.799	19.051	27.989	40.356	55.723	74.098	95.521
构造物Ⅱ	13.622	20.244	29.082	41.617	57.214	75.874	101.408
构造物Ⅲ	12.786	18.985	27.054	38.616	53.004	70.217	93.371
技术复杂大桥	13.912	20.645	29.257	41.670	57.134	75.640	100.205
钢材及钢结构	13.204	19.622	28.269	40.492	55.699	73.891	98.930

2)风沙地区施工增加费指在沙漠地区施工时,由于受风沙影响,按照施工及验收规范的要求,为保证工程质量和安全生产而增加的有关费用。内容包括防风、防沙及气候影响的措施费,人工、机械效率降低增加的费用,以及积沙、风蚀的清理修复等费用。

——全国风沙地区公路施工区划见本办法附录 F。当地气象资料及自然特征与附录 F 中的风沙地区划分有较大出入时,由项目所在地省级交通运输主管部门按当地气象资料和自然特征及上述划分标准确定工程所在地的风沙区划。

——一条路线穿过两个以上不同风沙区时,按路线长度经过不同的风沙区加权计算项目全线风沙地区施工增加费。

——风沙地区施工增加费以各类工程的定额人工费和定额施工机械使用费之和为基数,根据工程所在地的风沙区划及类别,按表 3.1.6-5 的费率计算。

表 3.1.6-5　风沙地区施工增加费费率表(%)

工程类别	风沙一区			风沙二区			风沙三区		
	沙漠类型								
	固定	半固定	流动	固定	半固定	流动	固定	半固定	流动
土方	4.558	8.056	13.674	5.618	12.614	23.426	8.056	17.331	27.507
石方	0.745	1.490	2.981	1.014	2.236	3.959	1.490	3.726	5.216
运输	4.304	8.608	13.988	5.38	12.912	19.368	8.608	18.292	27.976
路面	1.364	2.727	4.932	2.205	4.932	7.567	3.365	7.137	11.025
隧道	0.261	0.522	1.043	0.355	0.783	1.386	0.522	1.304	1.826
构造物Ⅰ	3.968	6.944	11.904	4.96	10.912	16.864	6.944	15.872	23.808
构造物Ⅱ	3.254	5.694	9.761	4.067	8.948	13.828	5.694	13.015	19.523
构造物Ⅲ	2.976	5.208	8.928	3.720	8.184	12.648	5.208	11.904	17.226
技术复杂大桥	2.778	4.861	8.333	3.472	7.638	11.805	8.861	11.110	16.077
钢材及钢结构	1.035	2.07	4.14	1.409	3.105	5.498	2.07	5.175	7.245

3）沿海地区施工增加费指工程项目在沿海地区施工受海风、海浪和潮汐的影响，致使人工、机械效率降低等所需增加的费用。本项费用，由沿海各省份省级交通运输主管部门制定具体的适用范围（地区）。沿海地区施工增加费以各类工程的定额人工费和定额施工机械使用费之和为基数，按表3.1.6-6的费率计算。

表3.1.6-6 沿海地区施工增加费费率表（%）

工程类别	费率	工程类别	费率
构造物Ⅱ	0.207	构造物Ⅲ	0.195
技术复杂大桥	0.212	钢材及钢结构	0.200

注：1. 表中的构造物Ⅲ指桥梁工程所用的商品水泥混凝土浇筑及混凝土构件的安装。
2. 表中的钢材及钢结构指桥梁工程所用的钢材及钢结构。

5 行车干扰施工增加费指由于边施工边维持通车，受行车干扰的影响，致使人工、机械效率降低而增加的费用。该费用以受行车影响部分的工程项目的定额人工费和定额施工机械使用费之和为基数，按表3.1.6-7的费率计算。

表3.1.6-7 行车干扰施工增加费费率表（%）

工程类别	施工期间平均每昼夜双向行车次数（机动车、非机动车合计）							
	51～100	101～500	501～1000	1001～2000	2001～3000	3001～4000	4001～5000	5000以上
土方	1.499	2.343	3.194	4.118	4.775	5.314	5.885	6.468
石方	1.279	1.881	2.618	3.479	4.035	4.492	4.973	5.462
运输	1.451	2.230	3.041	4.001	4.641	5.164	5.719	6.285
路面	1.390	2.098	2.802	3.487	4.046	4.496	4.987	5.475
隧道	—	—	—	—	—	—	—	—
构造物Ⅰ	0.924	1.386	1.858	2.320	2.693	2.988	3.313	3.647
构造物Ⅱ	1.007	1.516	2.014	2.512	2.915	3.244	3.593	3.943
构造物Ⅲ	0.948	1.417	1.896	2.365	2.745	3.044	3.373	3.713
技术复杂大桥	—	—	—	—	—	—	—	—
钢材及钢结构	—	—	—	—	—	—	—	—

注：新建工程、中断交通进行封闭施工或为保证交通正常通行而修建保通便道的改（扩）建工程，不计行车干扰施工增加费。

6 施工辅助费包括生产工具用具使用费、检验试验费和工程定位复测、工程点交、场地清理等费用。施工辅助费以各类工程的定额直接费为基数，按表3.1.6-8的费率计算。

表3.1.6-8 施工辅助费费率表（%）

工程类别	费率	工程类别	费率
土方	0.521	构造物Ⅰ	1.201
石方	0.470	构造物Ⅱ	1.537
运输	0.154	构造物Ⅲ	2.729
路面	0.818	技术复杂大桥	1.677
隧道	1.195	钢材及钢结构	0.564

1)生产工具用具使用费指施工所需不属于固定资产的生产工具、检验、试验用具及仪器、仪表等的购置、摊销和维修费,以及支付给生产工人自备工具的补贴费。

2)检验试验费指施工企业对建筑材料、构件和建筑安装工程进行一般鉴定、检查所发生的费用,包括自设试验室进行试验所耗用的材料和化学药品的费用,以及技术革新和研究试验费,不包括新结构、新材料的试验费和建设单位要求对具有出厂合格证明的材料进行检验、对构件破坏性试验及其他特殊要求检验的费用。

3)高填方和软基沉降监测、高边坡稳定监测、桥梁施工监测、隧道施工监控量测、超前地质预报等施工监控费含在施工辅助费中,不得另行计算。

7　工地转移费指施工企业迁至新工地的搬迁费用。

1)工地转移费内容包括:

——施工单位职工及随职工迁移的家属向新工地转移的车费、家具行李运费、途中住宿费、行程补助费、杂费等。

——公物、工具、施工设备器材、施工机械的运杂费,以及外租机械的往返费及施工机械、设备、公物、工具的转移费等。

——非固定工人进退场的费用。

2)工地转移费以各类工程的定额人工费和定额施工机械使用费之和为基数,按表3.1.6-9的费率计算。

表3.1.6-9　工地转移费费率表(%)

工程类别	工地转移距离(km)					
	50	100	300	500	1000	每增加100
土方	0.224	0.301	0.470	0.614	0.815	0.036
石方	0.176	0.212	0.363	0.476	0.628	0.030
运输	0.157	0.203	0.315	0.416	0.543	0.025
路面	0.321	0.435	0.682	0.891	1.191	0.062
隧道	0.257	0.351	0.549	0.717	0.959	0.049
构造物Ⅰ	0.262	0.351	0.552	0.720	0.963	0.051
构造物Ⅱ	0.333	0.449	0.706	0.923	1.236	0.066
构造物Ⅲ	0.622	0.841	1.316	1.720	2.304	0.119
技术复杂大桥	0.389	0.523	0.818	1.067	1.430	0.073
钢材及钢结构	0.351	0.473	0.737	0.961	1.288	0.063

3)高速公路、一级公路及独立大桥、独立隧道项目转移距离按省级人民政府所在城市至工地的里程计算;二级及二级以下公路项目转移距离按地级城市所在地至工地的里程计算。

4)工地转移里程数在表列里程之间时,费率可内插计算。工地转移距离在50km以内的工程按50km计算。

8 辅助生产间接费指由施工单位自行开采加工的砂、石等自采材料及施工单位自办的人工、机械装卸和运输的间接费。

1)辅助生产间接费按定额人工费的3%计。该项费用并入材料预算单价内构成材料费,不直接出现在概(预)算中。

2)高原地区施工单位的辅助生产,可按高原地区施工增加费费率,以定额人工费与定额施工机械费之和为基数计算高原地区施工增加费(其中:人工采集、加工材料、人工装卸、运输材料按土方费率计算;机械采集、加工材料按石方费率计算;机械装、运输材料按运输费率计算)。辅助生产高原地区施工增加费不作为辅助生产间接费的计算基数。

3.1.7 企业管理费由基本费用、主副食运费补贴、职工探亲路费、职工取暖补贴和财务费用五项组成。

1 基本费用指建筑安装企业组织施工生产和经营管理所需的费用。

1)基本费用包括:

——管理人员工资:管理人员的基本工资、绩效工资、津贴补贴及特殊情况下支付的工资以及缴纳的养老、医疗、失业、工伤保险费和住房公积金等。

——办公费:企业管理办公用的文具、纸张、账表、印刷、通信、网络、书报、办公软件、会议、水电、烧水和集体取暖降温(包括现场临时宿舍取暖降温)用煤(电、气)等费用。

——差旅交通费:职工因公出差、调动工作的差旅费、住勤补助费,市内交通费和误餐补助费,劳动力招募费,职工退休、退职一次性路费,工伤人员就医路费以及管理部门使用的交通工具的油料、燃料等费用。

——固定资产使用费:管理部门及附属生产单位使用的属于固定资产的房屋、设备等的折旧、大修、维修或租赁费。

——工具用具使用费:企业管理使用的不属于固定资产的工具、器具、家具、交通工具和检验、试验、测绘、消防用具等的购置、维修和摊销费。

——劳动保险费:企业支付的离退休职工的易地安家补助费、职工退职金、6个月以上的病假人员工资、职工死亡丧葬补助费、抚恤费、按规定支付给离休干部的各项经费。

——职工福利费:按国家规定标准计提的职工福利费。

——劳动保护费:企业按国家有关部门规定标准发放的劳动保护用品的购置费及修理费、防暑降温费、在有碍身体健康环境中施工的保健费用等。

——工会经费:企业根据《中华人民共和国工会法》的规定按全部职工工资总额比例计提的工会经费。

——职工教育经费:按职工工资总额的规定比例计提,企业为职工进行专业技术和职业技能培训,专业技术人员继续教育、职工职业技能鉴定、职业资格认定以及根据需要对职工进行各类文化教育所发生的费用,不含职工安全教育、培训费用。

——保险费:企业财产保险、管理用及生产用车辆等保险费用及人身意外伤害险的费用。

——税金:企业按规定缴纳的城市维护建设税、教育费附加、地方教育附加、房产税、车船使用税、土地使用税、印花税等。

——其他:上述项目以外的其他必要的费用支出,包括技术转让费、技术开发费、竣(交)工文件编制费、招投标费、业务招待费、绿化费、广告费、公证费、定额测定费、法律顾问费、审计费、咨询费以及施工标准化、规范化、精细化管理等费用。

2)基本费用以各类工程的定额直接费为基数,按表 3.1.7-1 的费率计算。

表 3.1.7-1　基本费用费率表(%)

工程类别	费率	工程类别	费率
土方	2.747	构造物 Ⅰ	3.587
石方	2.792	构造物 Ⅱ	4.726
运输	1.374	构造物Ⅲ	5.976
路面	2.427	技术复杂大桥	4.143
隧道	3.569	钢材及钢结构	2.242

2　主副食运费补贴指施工企业在远离城镇及乡村的野外施工购买生活必需品所需增加的费用。该费用以各类工程的定额直接费为基数,按表 3.1.7-2 的费率计算。

表 3.1.7-2　主副食运费补贴费率表(%)

工程类别	综合里程(km)										
	3	5	8	10	15	20	25	30	40	50	每增加 10
土方	0.122	0.131	0.164	0.191	0.235	0.284	0.322	0.377	0.444	0.519	0.07
石方	0.108	0.117	0.149	0.175	0.218	0.261	0.293	0.346	0.405	0.473	0.063
运输	0.118	0.13	0.166	0.192	0.233	0.285	0.322	0.379	0.447	0.519	0.073
路面	0.066	0.088	0.119	0.13	0.165	0.194	0.224	0.259	0.308	0.356	0.051
隧道	0.096	0.104	0.13	0.152	0.185	0.229	0.26	0.304	0.359	0.418	0.054
构造物Ⅰ	0.114	0.12	0.145	0.167	0.207	0.254	0.285	0.338	0.394	0.463	0.062
构造物Ⅱ	0.126	0.14	0.168	0.196	0.242	0.292	0.338	0.394	0.467	0.54	0.073
构造物Ⅲ	0.225	0.248	0.303	0.352	0.435	0.528	0.599	0.705	0.831	0.969	0.132
技术复杂大桥	0.101	0.115	0.143	0.165	0.205	0.245	0.28	0.325	0.389	0.452	0.063
钢材及钢结构	0.104	0.113	0.146	0.168	0.207	0.247	0.281	0.331	0.387	0.449	0.062

注:综合里程 = 粮食运距 ×0.06 + 燃料运距 ×0.09 + 蔬菜运距 ×0.15 + 水运距 ×0.70,粮食、燃料、蔬菜、水的运距均为全线平均运距;当综合里程数在表列里程之间时,费率可内插;综合里程在 3km 以内的工程,按 3km 计取本项费用。

3　职工探亲路费指按照有关规定发放给施工企业职工在探亲期间发生的往返交通费和途中住宿费等费用。该费用以各类工程的定额直接费为基数,按表 3.1.7-3 的费率计算。

表 3.1.7-3　职工探亲路费费率表(%)

工程类别	费率	工程类别	费率
土方	0.192	构造物Ⅰ	0.274
石方	0.204	构造物Ⅱ	0.348
运输	0.132	构造物Ⅲ	0.551
路面	0.159	技术复杂大桥	0.208
隧道	0.266	钢材及钢结构	0.164

4　职工取暖补贴指按规定发放给施工企业职工的冬季取暖费和为职工在施工现场设置的临时取暖设施的费用。该费用以各类工程的定额直接费为基数,按工程所在地的气温区(见本办法附录 D)选用表 3.1.7-4 的费率计算。

表 3.1.7-4　职工取暖补贴费率表(%)

工程类别	气温区						
	准二区	冬一区	冬二区	冬三区	冬四区	冬五区	冬六区
土方	0.060	0.130	0.221	0.331	0.436	0.554	0.663
石方	0.054	0.118	0.183	0.279	0.373	0.472	0.569
运输	0.065	0.130	0.228	0.336	0.444	0.552	0.671
路面	0.049	0.086	0.155	0.229	0.302	0.376	0.456
隧道	0.045	0.091	0.158	0.249	0.318	0.409	0.488
构造物Ⅰ	0.065	0.130	0.206	0.304	0.390	0.499	0.607
构造物Ⅱ	0.070	0.153	0.234	0.352	0.481	0.598	0.727
构造物Ⅲ	0.126	0.264	0.425	0.643	0.849	1.067	1.297
技术复杂大桥	0.059	0.120	0.203	0.310	0.406	0.501	0.609
钢材及钢结构	0.047	0.082	0.141	0.222	0.293	0.363	0.433

5　财务费用指施工企业为筹集资金提供投标担保、预付款担保、履约担保、职工工资支付担保等所发生的各种费用,包括企业经营期间发生的短期贷款利息净支出、汇兑净损失、调剂外汇手续费、金融机构手续费,以及企业筹集资金发生的其他财务费用。财务费用以各类工程的定额直接费为基数,按表 3.1.7-5 的费率计算。

表 3.1.7-5　财务费用费率表(%)

工程类别	费率	工程类别	费率
土方	0.271	构造物Ⅰ	0.466
石方	0.259	构造物Ⅱ	0.545
运输	0.264	构造物Ⅲ	1.094
路面	0.404	技术复杂大桥	0.637
隧道	0.513	钢材及钢结构	0.653

3.1.8　规费指按法律、法规、规章、规程规定施工企业必须缴纳的费用。

1　规费包含:

1)养老保险费:施工企业按规定标准为职工缴纳的基本养老保险费。

2)失业保险费:施工企业按规定标准为职工缴纳的失业保险费。

3)医疗保险费:施工企业按规定标准为职工缴纳的医疗保险费(含生育保险费)。

4)工伤保险费:施工企业按规定标准为职工缴纳的工伤保险费。

5)住房公积金:施工企业按规定标准为职工缴纳的住房公积金。

2　各项规费以各类工程的人工费之和为基数,按国家或工程所在地法律、法规、规章、规程规定的标准计算。

3.1.9　利润指施工企业完成所承包工程获得的盈利,按定额直接费及措施费、企业管理费之和的7.42%计算。

3.1.10　税金指国家税法规定应计入建筑安装工程造价的增值税销项税额。

$$税金=(直接费+设备购置费+措施费+企业管理费+规费+利润)\times 建筑业增值税税率 \tag{3.1.10}$$

3.1.11　专项费用包括施工场地建设费和安全生产费。

1　施工场地建设费包括:

1)按照工地建设标准化要求进行承包人驻地、工地试验室建设,钢筋集中加工、混合料集中拌制、构件集中预制等所需的办公、生活居住房屋(包括职工家属房屋及探亲房屋),公用房屋(如广播室、文体活动室、医疗室等)和生产用房屋(如仓库、加工厂、加工棚、发电站、变电站、空压机站、停机棚、值班室等)等费用。

2)包括场区平整(山岭重丘区的土石方工程除外)、场地硬化、排水、绿化、标志、污水处理设施、围墙隔离设施等的费用,不包括钢筋加工的机械设备、混合料拌和设备及安拆、预制构件台座、预应力张拉设备、起重及养护设备,以及概算、预算定额中临时工程的费用。

3)包括以上范围内的各种临时工作便道(包括汽车、人力车道)、人行便道,工地临时用水、用电的水管支线和电线支线,临时构筑物(如水井、水塔等)、其他小型临时设施等的搭设或租赁、维修、拆除、清理的费用;但不包括红线范围内贯通便道、进出场的临时道路、保通便道。

4)工地试验室所发生的属于固定资产的试验设备和仪器等折旧、维修或租赁费用。

5)施工扬尘污染防治措施费:裸露的施工场地覆盖防尘网、施工便道和施工场地洒水或喷洒抑尘剂,运输车辆的苫盖和冲洗、环境敏感区设置围挡,防尘标识设置,环境监控与检测等所需要的费用。

6)文明施工、职工健康生活的费用。

施工场地建设费以施工场地计费基数,按表3.1.11的费率,以累进方法计算。施工场地计费基数为定额建筑安装工程费减去专项费用。

表 3.1.11 施工场地建设费费率表

施工场地计费基数（万元）	费率（%）	算例（万元）	
		施工场地计费基数	施工场地建设费
500 及以下	5.338	500	500×5.338% =26.69
500 ~ 1000	4.228	1000	26.69 +(1000 -500)×4.228% =47.83
1000 ~ 5000	2.665	5000	47.83 +(5000 -1000)×2.665% =154.43
5000 ~ 10000	2.222	10000	154.43 +(10000 -5000)×2.222% =265.53
10000 ~ 30000	1.785	30000	265.53 +(30000 -10000)×1.785% =622.53
30000 ~ 50000	1.694	50000	622.53 +(50000 -30000)×1.694% =961.33
50000 ~ 100000	1.579	100000	961.33 +(100000 -50000)×1.579% =1750.83
100000 ~ 150000	1.498	150000	1750.83 +(150000 -100000)×1.498% =2499.83
150000 ~ 200000	1.415	200000	2499.83 +(200000 -150000)×1.415% =3207.33
200000 ~ 300000	1.348	300000	3207.33 +(300000 -200000)×1.348% =4555.33
300000 ~ 400000	1.289	400000	4555.33 +(400000 -300000)×1.289% =5844.33
400000 ~ 600000	1.235	600000	5844.33 +(600000 -400000)×1.235% =8314.33
600000 ~ 800000	1.188	800000	8314.33 +(800000 -600000)×1.188% =10690.33
800000 ~ 1000000	1.149	1000000	10690.33 +(1000000 -800000)×1.149% =12988.33
1000000 以上	1.118	1200000	12988.33 +(1200000 -1000000)×1.118% =15224.33

2 安全生产费包括完善、改造和维护安全设施设备费用，配备、维护、保养应急救援器材、设备费用，开展重大危险源和事故隐患评估和整改费用，安全生产检查、评价、咨询费用，配备和更新现场作业人员安全防护用品支出，安全生产宣传、教育、培训费用，安全设施及特种设备检测检验费用，施工安全风险评估、应急演练等有关工作及其他与安全生产直接相关的费用。

安全生产费按建筑安装工程费（不含安全生产费本身）乘以安全生产费费率计算，费率按不少于1.5%计取。

3.2 土地使用及拆迁补偿费

3.2.1 土地使用及拆迁补偿费包含永久占地费、临时占地费、拆迁补偿费、水土保持补偿费、其他费用。

3.2.2 永久占地费包括土地补偿费、征用耕地安置补助费、耕地开垦费、森林植被恢复费、失地农民养老保险费。

1 土地补偿费包括征地补偿费、被征用土地上的青苗补偿费，征用城市郊区的菜地等缴纳的菜地开发建设基金，耕地占用税，用地图编制费及勘界费等。

2 征用耕地安置补助费指征用耕地需要安置农业人口的补助费。

3 耕地开垦费指公路建设项目占用耕地的，应由建设项目法人（业主）负责补充耕地所发生的费用;没有条件开垦或者开垦的耕地不符合要求的,按规定缴纳的耕地开垦费。

4　公路建设项目发生跨省域补充耕地国家统筹的,应执行《国务院办公厅关于印发跨省域补充耕地国家统筹管理办法和城乡建设用地增减挂钩节余指标跨省域调剂管理办法的通知》(国办发〔2018〕16 号)的规定;发生省内跨区域补充耕地的,执行本省相关规定。

5　森林植被恢复费指公路建设项目需要占用、征用林地的,经县级以上林业主管部门审核同意或批准,建设项目法人(业主)单位按照省级人民政府有关规定向县级以上林业主管部门预缴的森林植被恢复费。

6　失地农民养老保险费指根据国家规定为保障依法被征地农民养老而交纳的保险费用。失地农民养老保险费按项目所在地省级人民政府的相关规定进行计算。

3.2.3　临时占地费包括临时征地使用费、复耕费。

1　临时征地使用费指为满足施工所需的承包人驻地、预制场、拌和场、仓库、加工厂(棚)、堆料场、取弃土场、进出场便道、便桥等所有的临时用地及其附着物的补偿费用。

2　复耕费指临时占用的耕地、鱼塘等,在工程交工后将其恢复到原有标准所发生的费用。

3.2.4　拆迁补偿费指被征用或占用土地地上、地下的房屋及附属构筑物,公用设施、文物等的拆除、发掘及迁建补偿费等。

3.2.5　水土保持补偿费根据国家相关法律、法规规定缴纳。

3.2.6　其他费用指国务院行政主管部门及省级人民政府规定的与征地拆迁相关的费用。

3.2.7　土地使用及拆迁补偿费计算方法如下:

1　土地使用及拆迁补偿费应根据设计文件确定的建设工程用地和临时用地面积及其附着物的情况,以及实际发生的费用项目,按国家有关规定及工程所在地的省(自治区、直辖市)颁布的有关规定和标准计算。

2　森林植被恢复费应根据审批单位批准的建设工程占用林地的类型及面积,按国家有关规定及工程所在地的省(自治区、直辖市)颁布的有关规定和标准计算。

3　当与原有的电力电信设施、管线、水利工程、铁路及铁路设施互相干扰时,应与有关部门联系,商定合理的解决方案和补偿金额,也可由这些部门按规定编制费用以确定补偿金额。

4　水土保持补偿费按各省(自治区、直辖市)制定的水土保持补偿费收费标准进行计算。

3.3 工程建设其他费

3.3.1 工程建设其他费包括建设项目管理费、研究试验费、建设项目前期工作费、专项评价(估)费、联合试运转费、生产准备费、工程保通管理费、工程保险费、其他相关费用。

3.3.2 建设项目管理费包括建设单位(业主)管理费、建设项目信息化费、工程监理费、设计文件审查费、竣(交)工验收试验检测费。其中建设单位(业主)管理费、建设项目信息化费和工程监理费均为实施建设项目管理的费用,可根据建设单位(业主)、施工、监理单位所实际承担的工作内容和工作量统筹使用。

1 建设单位(业主)管理费指建设单位(业主)为进行建设项目的立项、筹建、建设、竣(交)工验收、总结等工作所发生的费用。

1)建设单位(业主)管理费包括工作人员的工资、工资性津贴、施工现场津贴,社会保险费用(基本养老、基本医疗、失业、工伤保险)、住房公积金、职工福利费、工会经费、劳动保护费,办公费、会议费、差旅交通费、固定资产使用费(包括办公及生活房屋折旧、维修或租赁费,车辆折旧、维修、使用或租赁费,通信设备购置、使用费,测量、试验设备仪器折旧、维修或租赁费,其他设备折旧、维修或租赁费等)、零星固定资产购置费、招募生产工人费,技术图书资料费、职工教育培训经费,招标管理费,合同契约公证费、法律顾问费、咨询费,建设单位的临时设施费、完工清理费、竣(交)工验收费[含其他行业或部门要求的竣工验收费用、建设单位负责的竣(交)工文件编制费]、各种税费(包括房产税、车船使用税、印花税等),对建设项目前期工作、项目实施及竣工决算等全过程进行审计所发生的审计费用,境内外融资费用(不含建设期贷款利息)、业务招待费及工程质量、安全生产管理费和其他管理性开支。

2)建设单位(业主)管理费以定额建筑安装工程费为基数,按表3.3.2-1的费率,以累进方法计算。

表3.3.2-1 建设单位(业主)管理费费率表

定额建筑安装工程费(万元)	费率(%)	算例(万元)	
		定额建筑安装工程费	建设单位(业主)管理费
500及以下	4.858	500	500×4.858% =24.29
500~1000	3.813	1000	24.29+(1000-500)×3.813% =43.355
1000~5000	3.049	5000	43.355+(5000-1000)×3.049% =165.315
5000~10000	2.562	10000	165.315+(10000-5000)×2.562% =293.415
10000~30000	2.125	30000	293.415+(30000-10000)×2.125% =718.415
30000~50000	1.773	50000	718.415+(50000-30000)×1.773% =1073.015
50000~100000	1.312	100000	1073.015+(100000-50000)×1.312% =1729.015
100000~150000	1.057	150000	1729.015+(150000-100000)×1.057% =2257.515

续表 3.3.2-1

定额建筑安装工程费(万元)	费率(%)	算例(万元)	
		定额建筑安装工程费	建设单位(业主)管理费
150000 ~ 200000	0.826	200000	2257.515 + (200000 − 150000) × 0.826% = 2670.515
200000 ~ 300000	0.595	300000	2670.515 + (300000 − 200000) × 0.595% = 3265.515
300000 ~ 400000	0.498	400000	3265.515 + (400000 − 300000) × 0.498% = 3763.515
400000 ~ 600000	0.450	600000	3763.515 + (600000 − 400000) × 0.45% = 4663.515
600000 ~ 800000	0.400	800000	4663.515 + (800000 − 600000) × 0.4% = 5463.515
800000 ~ 1000000	0.375	1000000	5463.515 + (1000000 − 800000) × 0.375% = 6213.515
1000000 以上	0.350	1200000	6213.515 + (1200000 − 1000000) × 0.35% = 6913.515

3)双洞长度超过5000m的独立隧道,水深大于15m、跨径大于或等于400m的斜拉桥和跨径大于或等于800m的悬索桥等独立特大型桥梁工程的建设单位(业主)管理费,按表3.3.2-1中的费率乘以系数1.3计算;海上工程[指由于风浪影响,工程施工期(不包括封冻期)全年月平均工作日少于15d的工程]的建设单位(业主)管理费,按表3.3.2-1中的费率乘以系数1.2计算。

2 建设项目信息化费指建设单位(业主)和各参建单位用于建设项目的质量、安全、进度、费用等方面的信息化建设、运维及各种税费等费用,包括建设项目全寿命周期的建筑信息模型(Building Information Modeling)等相关费用。建设项目信息化费以定额建筑安装工程费为基数,按表3.3.2-2的费率,以累进方法计算。

表 3.3.2-2 建设项目信息化费费率表

定额建筑安装工程费(万元)	费率(%)	算例(万元)	
		定额建筑安装工程费	建设项目信息化费
500 及以下	0.600	500	500 × 0.6% = 3
500 ~ 1000	0.452	1000	3 + (1000 − 500) × 0.452% = 5.26
1000 ~ 5000	0.356	5000	5.26 + (5000 − 1000) × 0.356% = 19.5
5000 ~ 10000	0.285	10000	19.5 + (10000 − 5000) × 0.285% = 33.75
10000 ~ 30000	0.252	30000	33.75 + (30000 − 10000) × 0.252% = 84.15
30000 ~ 50000	0.224	50000	84.15 + (50000 − 30000) × 0.224% = 128.95
50000 ~ 100000	0.202	100000	128.95 + (100000 − 50000) × 0.202% = 229.95
100000 ~ 150000	0.171	150000	229.95 + (150000 − 100000) × 0.171% = 315.45
150000 ~ 200000	0.160	200000	315.45 + (200000 − 150000) × 0.16% = 395.45
200000 ~ 300000	0.142	300000	395.45 + (300000 − 200000) × 0.142% = 537.45
300000 ~ 400000	0.135	400000	537.45 + (400000 − 300000) × 0.135% = 672.45
400000 ~ 600000	0.131	600000	672.45 + (600000 − 400000) × 0.131% = 934.45
600000 ~ 800000	0.127	800000	934.45 + (800000 − 600000) × 0.127% = 1188.45
800000 ~ 1000000	0.125	1000000	1188.45 + (1000000 − 800000) × 0.125% = 1438.45
1000000 以上	0.122	1200000	1438.45 + (1200000 − 1000000) × 0.122% = 1682.45

3　工程监理费指建设单位（业主）委托具有监理资格的单位，按施工监理规范进行全面的监督和管理所发生的费用。

1）工程监理费内容包括工作人员的工资、工资性津贴、施工现场津贴、社会保险费用（基本养老、基本医疗、失业、工伤保险）、住房公积金、职工福利费、工会经费、劳动保护费，办公费、会议费、差旅交通费，办公、试验固定资产使用费（包括办公及生活房屋折旧、维修或租赁费，车辆折旧、维修、使用或租赁费，通信设备购置、使用费，测量、试验、检测设备仪器折旧、维修或租赁费，其他设备折旧、维修或租赁费等）、零星固定资产购置费、招募生产工人费，技术图书资料费、职工教育经费、投标费用，合同契约公证费、法律顾问费、咨询费、业务招待费，财务费用、监理单位的临时设施费、完工清理费、竣（交）工验收费、各种税费、安全生产管理费和其他管理性开支。

2）工程监理费以定额建筑安装工程费为基数，按表 3.3.2-3 的费率，以累进方法计算。

表 3.3.2-3　工程监理费费率表

定额建筑安装工程费（万元）	费率（%）	算例（万元）	
		定额建筑安装工程费	工程监理费
500 及以下	3.00	500	500×3% =15
500～1000	2.40	1000	15 +（1000 - 500）×2.4% =27
1000～5000	2.10	5000	27 +（5000 - 1000）×2.1% =111
5000～10000	1.94	10000	111 +（10000 - 5000）×1.94% =208
10000～30000	1.87	30000	208 +（30000 - 10000）×1.87% =582
30000～50000	1.83	50000	582 +（50000 - 30000）×1.83% =948
50000～100000	1.78	100000	948 +（100000 - 50000）×1.78% =1838
100000～150000	1.72	150000	1838 +（150000 - 100000）×1.72% =2698
150000～200000	1.64	200000	2698 +（200000 - 150000）×1.64% =3518
200000～300000	1.55	300000	3518 +（300000 - 200000）×1.55% =5068
300000～400000	1.49	400000	5068 +（400000 - 300000）×1.49% =6558
400000～600000	1.45	600000	6558 +（600000 - 400000）×1.45% =9458
600000～800000	1.42	800000	9458 +（800000 - 600000）×1.42% =12298
800000～1000000	1.37	1000000	12298 +（1000000 - 800000）×1.37% =15038
1000000 以上	1.33	1200000	15038 +（1200000 - 1000000）×1.33% =17698

4　设计文件审查费指在项目审批前，建设单位（业主）为保证勘察设计工作的质量，组织有关专家或委托有资质的单位，对提交的建设项目可行性研究报告和勘察设计文件进行审查所需要的相关费用。设计文件审查费以定额建筑安装工程费为基数，按表3.3.2-4的费率，以累进方法计算。

1）建设项目若有地质勘察监理，费用在此项目开支。

2）建设项目若有设计咨询（或称设计监理、设计双院制），其费用在此项目内开支。

表 3.3.2-4　设计文件审查费费率表

定额建筑安装工程费(万元)	费率(%)	算例(万元)	
		定额建筑安装工程费	设计文件审查费
5000 以下	0.077	5000	5000 ×0.077% =3.85
5000 ~ 10000	0.072	10000	3.85 + (10000 - 5000) ×0.072% =7.45
10000 ~ 30000	0.069	30000	7.45 + (30000 - 10000) ×0.069% =21.25
30000 ~ 50000	0.066	50000	21.25 + (50000 - 30000) ×0.066% =34.45
50000 ~ 100000	0.065	100000	34.45 + (100000 - 50000) ×0.065% =66.95
100000 ~ 150000	0.061	150000	66.95 + (150000 - 10000) ×0.061% =97.45
150000 ~ 200000	0.059	200000	97.45 + (200000 - 150000) ×0.059% =126.95
200000 ~ 300000	0.057	300000	126.95 + (300000 - 200000) ×0.057% =183.95
300000 ~ 400000	0.055	400000	183.95 + (400000 - 300000) ×0.055% =238.95
400000 ~ 600000	0.053	600000	238.95 + (600000 - 400000) ×0.053% =344.95
600000 ~ 800000	0.052	800000	344.95 + (800000 - 600000) ×0.052% =448.95
800000 ~ 1000000	0.051	1000000	448.95 + (1000000 - 800000) ×0.051% =550.95
1000000 以上	0.050	1200000	550.95 + (1200000 - 1000000) ×0.050% =650.95

5　竣(交)工验收试验检测费指在公路建设项目竣(交)工验收前,由建设单位(业主)或工程质量监督机构委托有资质的公路工程质量检测单位按照有关规定对建设项目的工程质量进行检测并出具检测试验意见,以及进行桥梁动(静)载试验或其他特殊检测等所需的费用。

1)竣(交)工验收试验检测费按表 3.3.2-5 规定的费率计算。道路工程按主线路基长度计算,桥梁工程以主线桥梁、分离式立交、匝道桥的长度之和进行计算,隧道按单洞长度计算。

2)道路工程,高速公路、一级公路按四车道计算,二级及二级以下公路按两车道计算,每增加 1 个车道,按表 3.3.2-5 的费用增加 10%。桥梁和隧道按双向四车道计算,每增加 1 个车道费用增加 15%。二级及二级以下公路的桥隧工程,按表 3.3.2-5 费用的 40% 计算。

表 3.3.2-5　竣(交)工验收试验检测费

检 测 项 目		竣(交)工验收试验检测费	备　注
道路工程(元/km)	高速公路	23500	包括路基、路面、涵洞、通道、路段安全设施和机电、房建、绿化、环境保护及其他工程
	一级公路	17000	
	二级公路	11500	
	三级及三级以下公路	5750	

续表 3.3.2-5

检 测 项 目			竣(交)工验收试验检测费	备 注
桥梁工程	一般桥梁(元/延米)	—	40	包括桥梁范围内的所有土建、安全设施和机电、声屏障等环境保护工程及必要的动(静)载试验
	技术复杂桥梁(元/延米)	钢管拱	750	
		连续刚构	500	
		斜拉桥	600	
		悬索桥	560	
隧道工程(元/延米)		—	80	包括隧道范围内的所有土建、安全设施、机电、消防设施等

3.3.3 研究试验费指按项目特点和有关规定,在建设过程中必须进行的研究和试验所需的费用,以及支付科技成果、专利、先进技术的一次性技术转让费。

1 研究试验费不包括:

1)应由前期工作费(为建设项目提供或验证设计数据、资料等专题研究)开支的项目。

2)应由科技三项费用(即新产品试制费、中间试验费和重要科学研究补助费)开支的项目。

3)应由施工辅助费开支的施工企业对建筑材料、构件和建筑物进行一般鉴定、检查所发生的费用及技术革新研究试验费。

2 计算方法:按设计提出的研究试验内容和要求进行编制。

3.3.4 建设项目前期工作费指委托勘察设计单位、咨询单位对建设项目进行可行性研究、工程勘察设计,以及设计、监理、施工招标文件及招标标底或造价控制值文件编制时,按规定应支付的费用。

1 建设项目前期工作费包括:

1)编制项目建议书(或预可行性研究报告)、可行性研究报告、投资估算,以及相应的勘察、设计等所需的费用。

2)通过风洞试验、地震动参数、索塔足尺模型试验、桥墩局部冲刷试验、桩基承载力试验等为建设项目提供或验证设计数据所需的专题研究费用。

3)初步设计和施工图设计的勘察费、设计费、概(预)算编制及调整概算编制费用等。

4)设计、监理、施工招标及招标标底(或造价控制值或清单预算)文件编制费等。

2 计算方法:建设项目前期工作费以定额建筑安装工程费为基数,按表 3.3.4 的费率,以累进方法计算。

表 3.3.4　建设项目前期工作费费率表

定额建筑安装工程费（万元）	费率（%）	算例(万元)	
		定额建筑安装工程费	建设项目前期工作费
500 及以下	3.00	500	500 × 3.00% = 15
500 ~ 1000	2.70	1000	15 + (1000 - 500) × 2.70% = 28.5
1000 ~ 5000	2.55	5000	28.5 + (5000 - 1000) × 2.55% = 130.5
5000 ~ 10000	2.46	10000	130.5 + (10000 - 5000) × 2.46% = 253.5
10000 ~ 30000	2.39	30000	253.5 + (30000 - 10000) × 2.39% = 731.5
30000 ~ 50000	2.34	50000	731.5 + (50000 - 30000) × 2.34% = 1199.5
50000 ~ 100000	2.27	100000	1199.5 + (100000 - 50000) × 2.27% = 2334.5
100000 ~ 150000	2.19	150000	2334.5 + (150000 - 100000) × 2.19% = 3429.5
150000 ~ 200000	2.08	200000	3429.5 + (200000 - 150000) × 2.08% = 4469.5
200000 ~ 300000	1.99	300000	4469.5 + (300000 - 200000) × 1.99% = 6459.5
300000 ~ 400000	1.94	400000	6459.5 + (400000 - 300000) × 1.94% = 8399.5
400000 ~ 600000	1.86	600000	8399.5 + (600000 - 400000) × 1.86% = 12119.5
600000 ~ 800000	1.80	800000	12119.5 + (800000 - 600000) × 1.80% = 15719.5
800000 ~ 1000000	1.76	1000000	15719.5 + (1000000 - 800000) × 1.76% = 19239.5
1000000 以上	1.72	1200000	19239.5 + (1200000 - 1000000) × 1.72% = 22679.5

3.3.5　专项评价(估)费指依据国家法律、法规规定进行评价(评估)、咨询,按规定应支付的费用。

1　专项评价(估)费包括环境影响评价费、水土保持评估费、地震安全性评价费、地质灾害危险性评价费、压覆重要矿床评估费、文物勘察费、通航论证费、行洪论证(评估)费、使用林地可行性研究报告编制费、用地预审报告编制费、项目风险评估费、节能评估费和社会风险评估费、放射性影响评估费、规划选址意见书编制费等费用。

2　计算方法:依据委托合同,或参照类似工程已发生的费用进行计列。

3.3.6　联合试运转费指建设项目的机电工程,按照有关规定标准,需要进行整套设备带负荷联合试运转所需的全部费用,不包括应由设备安装工程费中开支的调试费用。

1　费用包括联合试运转期间所需的材料、燃料和动力的消耗,机械和检测设备使用费,工具用具和低值易耗品费,参加联合试运转的人员工资及其他费用等。

2　计算方法:联合试运转费以定额建筑安装工程费为基数,按 0.04% 费率计算。

3.3.7　生产准备费指为保证新建、改(扩)建项目交付使用后满足正常的运行、管理发生的工器具购置、办公和生活用家具购置、生产人员培训、应急保通设备购置等费用。

1　工器具购置费指建设项目交付使用后为满足初期正常运营必须购置的第一套不构成固定资产的设备、仪器、仪表、工卡模具、器具、工作台(框、架、柜)等的费用,不包括构成固定资产的设备、工器具和备品、备件,及已列入设备费中的专用工具和备品、备件。工器具购置费由设计单位列出计划购置清单(包括规格、型号、数量),计算方法同设备购置费。

2　办公和生活用家具购置费指新建、改(扩)建工程项目,为保证初期正常生产、使用和管理所购置的办公和生活用家具、用具的费用,包括行政、生产部门的办公室、会议室、资料档案室、阅览室、宿舍及生活福利设施等的家具、用具。办公和生活用家具购置费按表3.3.7的规定计算。

表3.3.7　办公和生活用家具购置费标准表

工程所在地	路线(元/公路公里)				单独管理或单独收费的桥梁、隧道(元/座)		
	高速公路	一级公路	二级公路	三、四级公路	特大、大桥		特长隧道
					一般桥梁	技术复杂大桥	
内蒙古、黑龙江、青海、新疆、西藏	21500	15600	7800	4000	24000	60000	78000
其他省、自治区、直辖市	17500	14600	5800	2900	19800	49000	63700

注:改(扩)建工程按表列费用的70%计。

3　生产人员培训费指为保证生产的正常运行,在工程交工验收交付使用前对运营部门生产人员和管理人员进行培训所需的费用,包括培训人员的工资、工资性津贴、职工福利费、差旅交通费、劳动保护费、培训及教学实习费等。该费用按设计定员和3000元/人的标准计算。

4　应急保通设备购置费指新建、改(扩)建工程项目,为满足初期正常营运,购置保障抢修保通、应急处置,且构成固定资产的设备所需的费用。该费用由设计单位列出计划购置清单,计算方法同设备购置费。

3.3.8　工程保通管理费指新建或改(扩)建工程需边施工边维持通车或通航的建设项目,为保证公(铁)路运营安全、船舶航行安全及施工安全而进行交通(公路、航道、铁路)管制、交通(铁路)与船舶疏导所需的和媒体、公告等宣传费用及协管人员经费等。工程保通管理费应按设计需要进行列支。涉水项目施工期通航安全保障费用计算方法按本办法附录G执行。

3.3.9　工程保险费指在合同执行期内,施工企业按合同条款要求办理保险的费用,包括建筑工程一切险和第三方责任险。

1　建筑工程一切险是为永久工程、临时工程和设备及已运至施工工地用于永久工程的材料和设备所投的保险。

2　第三方责任险是对因实施合同工程而造成的财产(本工程除外)损失或损害,或人员(业主和承包人雇员除外)的死亡或伤残所负责进行的保险。

3　工程保险费以建筑安装工程费(不含设备费)为基数,按0.4%费率计算。

3.3.10 其他相关费用指国务院行政主管部门及省级人民政府规定的其他与公路建设相关的费用,按其相关规定计算。

3.4 预备费

3.4.1 预备费由基本预备费和价差预备费两部分组成。

3.4.2 基本预备费是指在初步设计和概算、施工图设计和施工图预算中难以预料的工程费用。

1 基本预备费包括:

1)在进行技术设计、施工图设计和施工过程中,在批准的初步设计和概算范围内所增加的工程费用。

2)在设备订货时,由于规格、型号改变的价差,材料货源变更、运输距离或方式的改变以及因规格不同而代换使用等原因发生的价差。

3)在项目主管部门组织竣(交)工验收时,验收委员会(或小组)为鉴定工程质量必须开挖和修复隐蔽工程的费用。

2 基本预备费以建筑安装工程费、土地使用及拆迁补偿费、工程建设其他费之和为基数,按下列费率计算:

1)设计概算按5%计列。

2)修正概算按4%计列。

3)施工图预算按3%计列。

3.4.3 价差预备费指设计文件编制年至工程交工年期间,建筑安装工程费中的人工费、材料费、设备费、施工机械使用费、措施费、企业管理费等由于政策、价格变化可能发生上浮而预留的费用,及外资贷款汇率变动部分的费用。

1 计算方法:价差预备费以建筑安装工程费总额为基数,按设计文件编制年始至建设项目工程交工年终的年数和年工程造价增涨率计算。计算公式见式(3.4.3)。

$$\text{价差预备费} = P \times [(1+i)^{n-1} - 1] \quad (3.4.3)$$

式中:P——建筑安装工程费总额(元);

i——年工程造价增涨率(%);

n——设计文件编制年至建设项目开工年+建设项目建设期限(年)。

2 年工程造价增涨率按有关部门公布的工程投资价格指数计算。

3 设计文件编制至工程交工在1年以内的工程,不列此项费用。

3.5 建设期贷款利息

3.5.1 建设期贷款利息指工程项目使用的贷款部分在建设期内应计取的贷款利息,包括各种金融机构贷款、建设债券和外汇贷款等的利息。

3.5.2 利息计算方法：根据不同的资金来源分年度投资计算所需支付的利息。计算公式见式(3.5.2)。

建设期贷款利息 = Σ(上年末付息贷款本息累计 + 本年度付息贷款额 ÷2) × 年利率　　(3.5.2)

即：

$$S = \sum_{n=1}^{N}(F_{n-1} + b_n \div 2) \times i$$

式中：S——建设期贷款利息；

N——项目建设期(年)；

n——施工年度；

F_{n-1}——建设期第 $n-1$ 年末需付息贷款本息累计；

b_n——建设期第 n 年度付息贷款额；

i——中国人民银行公布的贷款基准年利率。

3.6 公路工程建设项目各项费用计算程序及计算方式

3.6.1 公路工程建设项目各项费用计算程序及计算方式见表3.6.1。

表3.6.1 公路工程建设项目各项费用计算程序及计算方式

序号	项　目	说明及计算式
(一)	定额直接费	Σ人工消耗量×人工基价 + Σ(材料消耗量×材料基价 + 机械台班消耗量×机械台班基价)
(二)	定额设备购置费	Σ设备购置数量×设备基价
(三)	直接费	Σ人工消耗量×人工单价 + Σ(材料消耗量×材料预算单价 + 机械台班消耗量×机械台班预算单价)
(四)	设备购置费	Σ设备购置数量×预算单价
(五)	措施费	(一)×施工辅助费费率 + 定额人工费和定额施工机械使用费之和×其余措施费综合费率
(六)	企业管理费	(一)×企业管理费综合费率
(七)	规费	各类工程人工费(含施工机械人工费)×规费综合费率
(八)	利润	[(一)+(五)+(六)]×利润率
(九)	税金	[(三)+(四)+(五)+(六)+(七)+(八)]×建筑业增值税税率
(十)	专项费用	
	施工场地建设费	[(一)+(二)×40% +(五)+(六)+(七)+(八)+(九)]×累进费率
	安全生产费	建筑安装工程费(不含安全生产费本身)×(≥1.5%)

续表 3.6.1

序号	项　　目	说明及计算式
(十一)	定额建筑安装工程费	(一)+(二)×40%+(五)+(六)+(七)+(八)+(九)+(十)
(十二)	建筑安装工程费	(三)+(四)+(五)+(六)+(七)+(八)+(九)+(十)
(十三)	土地使用及拆迁补偿费	按规定计算
(十四)	工程建设其他费	
	建设项目管理费	
	建设单位(业主)管理费	(十一)×累进费率
	建设项目信息化费	(十一)×累进费率
	工程监理费	(十一)×累进费率
	设计文件审查费	(十一)×累进费率
	竣(交)工验收试验检测费	按规定计算
	研究试验费	
	建设项目前期工作费	(十一)×累进费率
	专项评价(估)费	按规定计算
	联合试运转费	(十一)×费率
	生产准备费	
	工器具购置费	按规定计算
	办公和生活用家具购置费	按规定计算
	生产人员培训费	按规定计算
	应急保通设备购置费	
	工程保通管理费	按规定计算
	工程保险费	[(十二)-(四)]×费率
	其他相关费用	
(十五)	预备费	
	基本预备费	[(十二)+(十三)+(十四)]×费率
	价差预备费	(十二)×费率
(十六)	建设期贷款利息	
(十七)	公路基本造价	(十二)+(十三)+(十四)+(十五)+(十六)

附录A　封面、目录及概(预)算表格样式

A.0.1　扉页的次页格式如下：

××公路初步设计概算

(K××+×××~K××+×××)

第　　册 共　　册

编制:(签字并盖章)

复核:(签字并盖章)

编制单位:(盖章)

编制时间:　　年　月　日

A.0.2 甲组文件目录格式及相应内容如下所示:

目　录

(甲组文件)

1 编制说明。
2 项目前后阶段费用对比表见表 A.0.2-1。
3 建设项目属性及技术经济信息表(00 表)见表 A.0.2-2。
4 总概(预)算汇总表(01-1 表)见表 A.0.2-3。
5 总概(预)算人工、主要材料、施工机械台班数量汇总表(02-1 表)见表 A.0.2-4。
6 总概(预)算表(01 表)见表 A.0.2-5。
7 人工、主要材料、施工机械台班数量汇总表(02 表)见表 A.0.2-6。
8 建筑安装工程费计算表(03 表)见表 A.0.2-7。
9 综合费率计算表(04 表)见表 A.0.2-8。
10 综合费计算表(04-1 表)见表 A.0.2-9。
11 设备费计算表(05 表)见表 A.0.2-10。
12 专项费用计算表(06 表)见表 A.0.2-11。
13 土地使用及拆迁补偿费计算表(07 表)见表 A.0.2-12。
14 工程建设其他费计算表(08 表)见表 A.0.2-13。
15 人工、材料、施工机械台班单价汇总表(09 表)见表 A.0.2-14。

表 A.0.2-1　项目前后阶段费用对比表

建设项目名称：　　　　　　　　　　　　　　　　　　　　　　　　　　第　页　共　页

分项编号	工程或费用名称	单位	本阶段设计概算(施工图预算)			上阶段工可估算(设计概算)			费 用 变 化		备注
			数量	单价	金额	数量	单价	金额	金额	比例(%)	
1	2	3	4	5 = 6 ÷ 4	6	7	8 = 9 ÷ 7	9	10 = 6 − 9	11 = 10 ÷ 9	12

填表说明：

1. 本表反映一个建设项目的前后阶段各项费用组成。
2. 本阶段和上阶段费用均从各阶段的 01-1 表转入。

编制：　　　　　　　　　　　　　　　　　　　　　　　　　　复核：

表 A.0.2-2　建设项目属性及技术经济信息表

建设项目：　　　　　　　　　　　　　　　　　　　　编制日期：　　　　　　00 表

一	项目基本属性			
编号	名称	单位	信息	备注
001	工程所在地			
002	地形类别			平原或微丘
003	新建/改(扩)建			
004	公路技术等级			
005	设计速度	km/h		
006	路面结构			
007	路基宽度	m		
008	路线长度	公路公里		不含连接线
009	桥梁长度	km		
010	隧道长度	km		双洞长度
011	桥隧比例	%		[(009)+(010)]/(008)
012	互通式立体交叉数量	km/处		
013	支线、联络线长度	km		
014	辅道、连接线长度	km		

二	项目工程数量信息				
编号	内容	单位	数量	数量指标	备注
10202	路基挖方	$1000m^3$			
10203	路基填方	$1000m^3$			
10205	特殊路基	km			
10206	排水圬工	$1000m^3$			包括防护、排水
10207	防护圬工	$1000m^3$			
10301	沥青混凝土路面	$1000m^2$			
10302	水泥混凝土路面	$1000m^2$			
10401	涵洞	m			
10402	小桥	m			
10403	中桥	m			
10404	大桥	m			
10405	特大桥	m			
10501	连拱隧道	m			
10502	小净距隧道	m			
10503	分离式隧道	m			
10602	通道	m			

续表 A.0.2-2

二	项目工程数量信息				
编号	内容	单位	数量	数量指标	备注
10605	分离式立体交叉	处			
10606	互通式立体交叉	处			
10703	管理养护服务房屋	m^2			
10901	联络线、支线工程	km			
10902	连接线工程	km			
10903	辅道工程	km			
20101	永久征地	亩			不含取(弃)土场征地
20102	临时征地	亩			
三	**项目造价指标信息表**				
编号	工程造价	总金额(万元)	造价指标(万元/km)	占总造价百分比(%)	备注
1	建筑安装工程费		(必填)		
101	临时工程				
102	路基工程				
103	路面工程				
104	桥梁工程				
105	隧道工程				
106	交叉工程				
107	交通工程				
108	绿化及环境保护工程				
109	其他工程				
110	专项费用		(必填)		
2	土地使用及拆迁补偿费		(必填)		
3	工程建设其他费		(必填)		
4	预备费		(必填)		
5	建设期贷款利息		(必填)		
6	公路基本造价		(必填)		

四	分项造价指标信息表			
编号	名称	单位	造价指标(元)	备注
10202	路基挖方	m^3		
10203	路基填方	m^3		
10205	特殊路基	km		
10206	排水圬工	m^3		

续表 A.0.2-2

四	分项造价指标信息表			
编号	名称	单位	造价指标(元)	备注
10207	防护圬工	m^3		
10301	沥青混凝土路面	m^2		
10302	水泥混凝土路面	m^2		
10401	涵洞	m		
10402	预制空心板桥	m^2		
10403	预制小箱梁桥	m^2		
10404	预制 T 梁桥	m^2		
10405	现浇箱梁桥	m^2		
10406	特大桥	m^2		
10501	连拱隧道	m		
10502	小净距隧道	m		
10503	分离式隧道	m		
10602	通道	m		
10605	分离式立体交叉	处		
10606	互通式立体交叉	处		
10701	交通安全设施	km		
10702	机电及设备安装工程	km		
10707	管理养护服务房屋	m^2		含土建和安装,不含外场
10901	联络线、支线工程	km		
10902	连接线工程	km		
10903	辅道工程	km		
20101	永久征地	亩		
20102	临时征地	亩		
20201	拆迁补偿	km		
30101	建设单位管理费	km		
30103	工程监理费	km		
30301	建设项目前期工作费	km		
五	主要材料单价信息表			
编号	名称	单位	单价(元)	备注
1001001	人工	工日		
2001002	HRB400 钢筋	t		
3001001	石油沥青	t		
5503005	中(粗)砂	m^3		
5505016	碎石(4cm)	m^3		
5509002	42.5 级水泥	t		

编制: 复核:

表 A.0.2-3　总 概（预）算 汇 总 表

建设项目名称：　　　　　　　　　　　　　　　　第　页　共　页　01-1 表

分项编号	工程或费用名称	单位	总数量										总金额（元）	全路段技术经济指标	各项费用比例（%）
				数量	金额（元）	技术经济指标	数量	金额（元）	技术经济指标	数量	金额（元）	技术经济指标			

填表说明：

1. 一个建设项目分若干单项工程编制概(预)算时,应通过本表汇总全部建设项目概(预)算金额。
2. 本表反映一个建设项目的各项费用组成、概(预)算总值和技术经济指标。
3. 本表分项编号、工程或费用名称、单位、总数量、概(预)算金额应由各单项或单位工程总概(预)算表(01 表)转来,部分、项、子项应保留,其他可视需要增减。
4. "全路段技术经济指标"以各项金额汇总合计除以相应总数量计算;"各项费用比例"以汇总的各项目公路工程造价除以公路基本造价合计计算。

编制：　　　　　　　　　　　　　　　　复核：

表 A.0.2-4　总概(预)算人工、主要材料、施工机械台班数量汇总表

建设项目名称：　　　　　　　　　　　　　　　　　　　　　第　页　共　页　02-1 表

代号	规 格 名 称	单位	总数量	编 制 范 围									

填表说明：

1. 一个建设项目分若干个单项工程编制概(预)算时,应通过本表汇总全部建设项目的人工、主要材料与设备、施工机械台班数量。
2. 本表各栏数据均由各单项或单位工程概(预)算中的人工、主要材料、施工机械台班数量汇总表(02 表)转来,编制范围指单项或单位工程。

编制：　　　　　　　　　　　　　　　　　　　　　　　　　　复核：

表 A.0.2-5 总概(预)算表

建设项目名称:

编制范围:　　　　　　　　　　　　　　　　　　　　第　页　共　页　01 表

分项编号	工程或费用名称	单位	数量	金额(元)	技术经济指标	各项费用比例(%)	备注

填表说明:

1. 本表反映一个单项或单位工程的各项费用组成、概(预)算金额、技术经济指标、各项费用比例(%)等。
2. 本表“分项编号”“工程或费厈名称”“单位”等应按概预算项目表的编号及内容填写。
3. “数量”“金额”由专项费用计算表(06 表)、建筑安装工程费计算表(03 表)、土地使用及拆迁补偿费计算表(07 表)、工程建设其他费计算表(08 表)转来。
4. “技术经济指标”以各项目金额除以相应数量计算;“各项费用比例”以各项金额除以公路基本造价计算。

编制:　　　　　　　　　　　　　　　　　　　　复核:

表 A.0.2-6 人工、主要材料、施工机械台班数量汇总表

建设项目名称：

编制范围：　　　　　　　　　　　　　　　　第　页　共　页　02 表

代号	规格名称	单位	单价(元)	总数量	分项统计								场外运输损耗	
													%	数量

填表说明：

本表各栏数据由人工、材料、施工机械台班单价汇总表(09 表)及分项工程概(预)算表(21-2 表),辅助生产人工、材料、施工机械台班单位数量表(25 表)经分析计算后统计而来。

编制：　　　　　　　　　　　　　　　　复核：

表 A.0.2-7 建筑安装工程费计算表

建设项目名称：

编制范围：　　　　　　　　　　　　　　　　　　　　　　　　第　页　共　页　03 表

序号	分项编号	工程名称	单位	工程量	定额直接程费（元）	定额设备购置费（元）	直接费(元)				设备购置费	措施费	企业管理费	规费	利润（元）	税金（元）	金额合计（元）	
							人工费	材料费	施工机械使用费	合计					费率（%）	税率（%）	合计	单价
1	2	3	4	5	6	7	8	9	10	11	12	13	14	15	16	17	18	19
	110	专项费用																
	11001	施工场地建设费	元															
	11002	安全生产费	元															
合计																		

填表说明：

1. 本表各栏数据由 05 表、06 表、21-2 表经计算转来。
2. 本表中除列出具体分项外，还应列出子项(如临时工程、路基工程、路面工程……)，并将子项下的具体分项的费用进行汇总。

编制：　　　　　　　　　　　　　　　　　　　　　　　　　　复核：

表 A.0.2-8 综合费率计算表

建设项目名称：

编制范围：

第 页 共 页 04 表

序号	工程类别	措施费(%)											企业管理费(%)						规费(%)					
		冬季施工增加费	雨季施工增加费	夜间施工增加费	高原地区施工增加费	风沙地区施工增加费	沿海地区施工增加费	行车干扰施工增加费	施工辅助费	工地转移费	综合费率		基本费用	主副食运费补贴	职工探亲路费	职工取暖补贴	财务费用	综合费率	养老保险费	失业保险费	医疗保险费	工伤保险费	住房公积金	综合费率
											Ⅰ	Ⅱ												
1	2	3	4	5	6	7	8	9	10	11	12	13	14	15	16	17	18	19	20	21	22	23	24	25

填表说明：

本表应根据建设项目具体情况，按概(预)算编制办法有关规定填入数据计算。

其中：12 = 3 + 4 + 5 + 6 + 7 + 8 + 9 + 11；13 = 10；19 = 14 + 15 + 16 + 17 + 18；25 = 20 + 21 + 22 + 23 + 24。

编制：　　　　　　复核：

表 A.0.2-9　综 合 费 计 算 表

建设项目名称：

编制范围：　　　　　　　　　　　　　　　　　　　　　　　　第　页　共　页　04-1 表

序号	工程类别	措施费											企业管理费						规费					
		冬季施工增加费	雨季施工增加费	夜间施工增加费	高原地区施工增加费	风沙地区施工增加费	沿海地区施工增加费	行车干扰施工增加费	施工辅助费	工地转移费	综合费用		基本费用	主副食运费补贴	职工探亲路费	职工取暖补贴	财务费用	综合费用	养老保险费	失业保险费	医疗保险费	工伤保险费	住房公积金	综合费用
											Ⅰ	Ⅱ												
1	2	3	4	5	6	7	8	9	10	11	12	13	14	15	16	17	18	19	20	21	22	23	24	25

填表说明：

本表应根据建设项目具体分项工程，按概算预算编制办法规定的计算方法分别计算各项费用。

其中：12 = 3 + 4 + 5 + 6 + 7 + 8 + 9 + 11；13 = 10；19 = 14 + 15 + 16 + 17 + 18；25 = 20 + 21 + 22 + 23 + 24。

编制：　　　　　　　　　　　　　　　　　　　　　　　　复核：

表 A.0.2-10 设 备 费 计 算 表

建设项目名称:

编制范围:

第 页 共 页 05 表

代号	设 备 名 称	规格型号	单位	数量	基价	定额设备购置费(元)	单价(元)	设备购置费(元)	税金(元)	定额设备费(元)	设备费(元)
		填表说明:本表应根据具体的设备购置清单进行计算,包括设备规格、单位、数量、设备基价、定额设备购置费、设备预算单价、税金以及定额设备费和设备费。设备购置费不计取措施费及企业管理费。									
	合计										

编制: 复核:

表 A.0.2-11　专 项 费 用 计 算 表

建设项目名称：

编制范围：

第　页　共　页　06 表

序号	工程或费用名称	说明及计算式	金额(元)	备　注

填表说明：

本表应依据项目按本办法规定的专项费用项目填写，在说明及计算式栏内填写需要说明的内容及计算式。

编制：　　　　复核：

表 A.0.2-12　土地使用及拆迁补偿费计算表

建设项目名称：

编制范围：　　　　　　　　　　　　　　　　　　　　　　　　　　　第　页　共　页　07 表

序号	费 用 名 称	单位	数量	单价(元)	金额(元)	说明及计算式	备　注

填表说明：

本表按规定填写单位、数量、单价和金额；说明及计算式栏内应注明标准及计算式；子项下边有分项的，可以按顺序依次往下编号。

编制：　　　　　　　　　　　　　　　　　　　　　　　　　　　　　复核：

表 A.0.2-13　工程建设其他费计算表

建设项目名称：

编制范围：　　　　　　　　　　　　　　　　　第　页　共　页　08 表

序号	费用名称及项目	说明及计算式	金额(元)	备　注

填表说明：

本表应按具体发生的其他费用项目填写，需要说明和具体计算的费用项目依次相应在说明及计算式栏内填写或具体计算，各项费用具体填写如下：

1. 建设项目管理费包括建设单位(业主)管理费、建设项目信息化费、工程监理费、设计文件审查费、竣(交)工验收试验检测费，按本办法规定的计算基数、费率、方法或有关规定列式计算。

2. 研究试验费应根据设计需要进行研究试验的项目分别填写项目名称及金额或列式计算或进行说明。

3. 建设项目前期工作费按本办法规定的计算基数、费率、方法计算。

4. 专项评价(估)费、联合试运转费、生产准备费、工程保通管理费、工程保险费、预备费、建设期贷款利息等其他费用根据本办法规定或国家有关规定依次类推计算。

编制：　　　　　　　　　　　　　　　　　复核：

表 A.0.2-14　人工、材料、施工机械台班单价汇总表

建设项目名称：

编制范围：　　　　　　　　　　　　　　　　　　　　　　第　页　共　页　09 表

序号	名　称	单位	代号	预算单价(元)	备注	序号	名　称	单位	代号	预算单价(元)	备注

填表说明：

本表预算单价主要由材料预算单价计算表(22 表)和施工机械台班单价计算表(24 表)转来。

编制：　　　　　　　　　　　　　　　　　　　　　　复核：

A.0.3 乙组文件目录格式及相应内容如下所示：

目　　录

(乙组文件)

表 A.0.3-1　分项工程概(预)算计算数据表

建设项目名称：

编制范围：　　　　标准定额库版本号：　　　　校验码：　　　　第　页　共　页　21-1 表

分项编号/定额代号/工料机代号	项目、定额或工料机的名称	单位	数量	输入单价	输入金额	分项组价类型或定额子目取费类别	定额调整情况或分项算式

填表说明：

1. 本表应逐行从左到右横向逐栏填写。
2. “分项编号”“定额代号”“工料机代号”等应根据实际需要按本办法附录 B 概算预算项目表及现行《公路工程概算定额》(JTG/T 3831)、《公路工程预算定额》(JTG/T 3832)的相关内容填写。
3. 本表主要是为利用计算机软件编制概算、预算提供分项组价基础数据，列明工程项目全部计算分项的组价参数；分项组价类型包括：输入单价、输入金额、算式列表、费用列表和定额组价五类；定额调整情况分配合比调整、钢筋调整、抽换、乘系数、综合调整等，非标准补充定额列出其工料机及其消耗量；具体填表规则由软件用户手册详细制定。
4. 标准定额库版本号由公路工程造价依据信息平台和最新的标准定额库一起发布，造价软件接收后直接输出。
5. 校验码由定额库版本号加密生成，由公路工程造价依据信息平台与定额库版本号同时发布，造价软件直接输出。为便于校验，造价软件可按条形码形式输出。

编制：　　　　　　　　复核：

表 A.0.3-2 分项工程概(预)算表

编制范围：

分项编号： 工程名称： 单位： 数量： 单价： 第 页 共 页 21-2 表

代号	工程项目												合计	
	工程细目													
	定额单位													
	工程数量													
	定额表号													
	工、料、机名称	单位	单价(元)	定额	数量	金额(元)	定额	数量	金额(元)	定额	数量	金额(元)	数量	金额(元)
1	人工	工日												
2	……													
	直接费	元												
	措施费 I	元												
	措施费 Ⅱ	元												
	企业管理费	元			%			%			%			
	规费	元			%			%			%			
	利润	元			%			%			%			
	税金	元			%			%			%			
	金额合计	元												

填表说明：

1. 本表按具体分项工程项目数量、对应概(预)算定额子目填写，单价由 09 表转来，金额 = Σ工、料、机各项的单价 × 定额 × 数量。
2. 措施费、企业管理费按相应项目的定额人工费与定额施工机械使用费之和或定额直接费 × 规定费率计算。
3. 规费按相应项目的人工费 × 规定费率计算。
4. 利润按相应项目的(定额直接费 + 措施费 + 企业管理费) × 利润率计算。
5. 税金按相应项目的(直接费 + 措施费 + 企业管理费 + 规费 + 利润) × 税率计算。
6. 措施费、企业管理费、规费、利润、税金对应定额列填入相应的计算基数，数量列填入相应的费率。

编制： 复核：

表 A.0.3-3 材料预算单价计算表

建设项目名称：

编制范围：

第　页　共　页　22 表

代号	规格名称	单位	原价（元）	运杂费					原价运费合计（元）	场外运输损耗		采购及保管费		预算单价（元）
				供应地点	运输方式比重及运距	毛质量系数或单位毛质量	运杂费构成说明或计算式	单位运费（元）		费率（%）	金额（元）	费率（%）	金额（元）	

填表说明：

1. 本表计算各种材料自供应地点或料场至工地的全部运杂费与材料原价及其他费用组成预算单价。
2. 运输方式按火车、汽车、船舶等及所占运输比重填写。
3. 毛质量系数、场外运输损耗、采购及保管费按规定填写。
4. 根据材料供应地点、运输方式、运输单价、毛质量系数等，通过运杂费构成说明或计算式，计算得出材料单位运费。
5. 材料原价与单位运费、场外运输损耗、采购及保管费组成材料预算单价。

编制：　　　　　　　　　　　　　　　　复核：

表 A.0.3-4　自采材料料场价格计算表

编制范围：

自采材料名称：　　　　单位：　　　　数量：　　　　料场价格：　　　　第　页　共　页　23-1 表

代号	工程项目												合计	
	工程细目													
	定额单位													
	工程数量													
	定额表号													
	工、料、机名称	单位	单价(元)	定额	数量	金额(元)	定额	数量	金额(元)	定额	数量	金额(元)	数量	金额(元)
	直接费	元												
	辅助生产间接费	元			%			%			%			
	高原取费	元			%			%			%			
	金额合计	元												

填表说明：

1. 本表主要用于分析计算自采材料料场价格，应将选用的定额人工、材料、施工机械台班数量全部列出，包括相应的工、料、机单价。
2. 材料规格用途相同而生产方式（如人工捶碎石、机械轧碎石）不同时，应分别计算单价，再以各种生产方式所占比重根据合计价格加权平均计算料场价格。
3. 定额中施工机械台班有调整系数时，应在本表内计算。
4. 辅助生产间接费、高原取费对应定额列填入相应的计算基数，数量列填入相应的费率。

编制：　　　　复核：

表 A.0.3-5　材料自办运输单位运费计算表

编制范围：

自采材料名称：　　　　单位：　　　　数量：　　　　单位运费：　　　　第　页　共　页　23-2 表

代号	工程项目												合计	
	工程细目													
	定额单位													
	工程数量													
	定额表号													
	工、料、机名称	单位	单价(元)	定额	数量	金额(元)	定额	数量	金额(元)	定额	数量	金额(元)	数量	金额(元)
	直接费	元												
	辅助生产间接费	元			%			%			%			
	高原取费	元			%			%			%			
	金额合计	元												

填表说明：

1. 本表主要用于分析计算材料自办运输单位运费，应将选用的定额人工、材料、施工机械台班数量全部列出，包括相应的工、料、机单价。
2. 材料运输地点或运输方式不同时，应分别计算单价，再按所占比重加权平均计算材料运输价格。
3. 定额中施工机械台班有调整系数时，应在本表内计算。
4. 辅助生产间接费、高原取费对应定额列填入相应的计算基数，数量列填入相应的费率。

编制：　　　　　　　　　　　　　　　　　　复核：

表 A.0.3-6 施工机械台班单价计算表

建设项目名称：

编制范围： 第 页 共 页 24 表

序号	代号	规格名称	台班单价(元)	不变费用(元)		可变费用(元)											
				调整系数		人工：(元/工日)		汽油：(元/kg)		柴油：(元/kg)						车船税	合计
				定额	调整值	定额	金额	定额	金额	定额	金额	定额	金额	定额	金额		

填表说明：

1. 本表应根据现行《公路工程机械台班费用定额》(JTG/T 3833)进行计算。不变费用如有调整系数应填入调整值；可变费用各栏填入定额数量。

2. 人工、动力燃料的单价由材料预算单价计算表(22 表)中转来。

编制： 复核：

表 A.0.3-7　辅助生产人工、材料、施工机械台班单位数量表

建设项目名称：

编制范围：　　　　　　　　　　　　　　　　　　　　　　第　页　共　页　25 表

序号	规 格 名 称	单位	人工(工日)							

填表说明：

本表各栏数据由自采材料料场价格计算表(23-1 表)和材料自办运输单位运费计算表(23-2 表)统计而来。

编制：　　　　　　　　　　　　　　　　　　　　　　复核：

附录 B　概算预算项目表

B.0.1　概算预算项目表如下：

1　概算预算项目表见表 B.0.1-1。

2　路基工程项目分表(LJ)见表 B.0.1-2。

3　路面工程项目分表(LM)见表 B.0.1-3。

4　涵洞工程项目分表(HD)见表 B.0.1-4。

5　桥梁工程项目分表(QL)见表 B.0.1-5。

6　隧道工程项目分表(SD)见表 B.0.1-6。

7　交通安全设施工程项目分表(JA)见表 B.0.1-7。

8　隧道机电工程项目分表(SJ)见表 B.0.1-8。

9　绿化及环境保护工程项目分表(LH)见表 B.0.1-9。

表 B.0.1-1 概算预算项目表

分项编号	工程或费用名称	单位	主要工作内容	备 注
1	第一部分 建筑安装工程费	公路公里		建设项目路线总长度(主线长度)
101	临时工程	公路公里		
10101	临时道路	km		新建施工便道与利用原有道路的总长
1010101	临时便道(修建、拆除与维护)	km		新建施工便道长度
1010102	原有道路的维护与恢复	km		利用原有道路长度
1010103	保通便道	km		
101010301	保通便道(修建、拆除与维护)	km		修建、拆除与维护
101010302	保通临时安全设施	km		临时安全设施修建、拆除与维护
10102	临时便桥、便涵	m/座		
1010201	临时便桥	m/座	修建、拆除与维护	临时施工汽车便桥
1010202	临时涵洞	m/座		
10103	临时码头	座		按不同的形式分级
10104	临时供电设施	总额		包括临时电力线路、变压器摊销等,不包括场外高压供电线路
10105	临时电信设施	总额		不包括广播线
	……			
102	路基工程	km		扣除主线桥梁、隧道和互通立交的主线长度,独立桥梁或隧道为引道或接线长度。下挂路基工程项目分表
	……			
103	路面工程	km		扣除主线桥梁、隧道和互通立交的主线长度,独立桥梁或隧道为引道或接线长度,下挂路面工程项目分表
	……			
104	桥梁涵洞工程	km		指桥梁长度
10401	涵洞工程	m/道		下挂涵洞工程项目分表
	……			
10402	小桥工程	m/座		
1040201	拱桥	m^2/m		下挂桥梁工程项目分表
1040202	矩形板桥	m^2/m		下挂桥梁工程项目分表
1040203	空心板桥	m^2/m		下挂桥梁工程项目分表
1040204	小箱梁桥	m^2/m		下挂桥梁工程项目分表
1040205	T 梁桥	m^2/m		下挂桥梁工程项目分表
	……			

续表 B.0.1-1

分项编号	工程或费用名称	单位	主要工作内容	备注
10403	中桥工程	m/座		
1040301	拱桥	m^2/m		下挂桥梁工程项目分表
1040302	预制矩形板桥	m^2/m		下挂桥梁工程项目分表
1040303	预制空心板桥	m^2/m		下挂桥梁工程项目分表
1040304	预制小箱梁桥	m^2/m		
1040305	预制 T 梁桥	m^2/m		
1040306	现浇箱梁桥	m^2/m		
	……			
10404	大桥工程	m/座		
1040401	×××桥(桥型、跨径)	m^2/m		下挂桥梁工程项目分表
	……			
10405	特大桥工程	m/座		
1040501	××特大桥工程	m^2/m		按桥名分级;技术复杂大桥先按主桥和引桥分级再按工程部位分级
104050101	引桥工程(桥型、跨径)	m^2/m	不含桥面铺装及附属工程内容	标注跨径、桥型,下挂桥梁工程项目分表
104050102	主桥工程(桥型、跨径)	m^2/m	不含桥面铺装及附属工程内容	标注跨径、桥型,下挂桥梁工程项目分表
104050103	桥面铺装	m^3		下挂桥梁工程项目分表相应部分
104050104	附属工程	m		下挂桥梁工程项目分表相应部分
10406	桥梁维修加固工程	m^2/m		下挂桥梁工程项目分表相应部分
	……			
105	隧道工程	km/座		按隧道名称分级,并注明其形式
10501	连拱隧道	km/座		
1050101	××隧道	m		下挂隧道工程项目分表
	……			
10502	小净距隧道	km/座		
1050201	××隧道	m		下挂隧道工程项目分表
	……			
10503	分离式隧道	km/座		
1050301	××隧道	m		下挂隧道工程项目分表

续表 B.0.1-1

分项编号	工程或费用名称	单位	主要工作内容	备　　注
	……			
10504	下沉式隧道	km/座		
1050401	××隧道	m		下挂隧道工程项目分表
	……			
10505	沉管隧道	km/座		
1050501	××隧道	m		下挂隧道工程项目分表
	……			
10506	盾构隧道	km/座		
1050601	××隧道	m		下挂隧道工程项目分表
	……			
10507	其他形式隧道	km/座		
1050701	××隧道	m		下挂隧道工程项目分表
	……			
106	交叉工程	处		按不同的交叉形式分目
10601	平面交叉	处		按不同的类型分级
1060101	公路与等级公路平面交叉	处		下挂路基和路面等工程项目分表
1060102	公路与等外公路平面交叉	处		下挂路基和路面等工程项目分表
	……			
10602	通道	m/处		按结构类型分级
1060201	箱式通道	m/处		
1060202	板式通道	m/处		
1060203	拱形通道	m/处		
	……			
10603	天桥	m/座		按不同的结构类型分级,若有连接线,下挂路基和路面等工程项目分表
1060301	钢结构桥	m/处		
1060302	钢筋混凝土拱桥	m/处		
1060303	钢筋混凝土梁桥	m/处		
1060304	钢筋混凝土板桥	m/处		
	……			
10604	渡槽	m/处		按不同的结构类型分级
10605	分离式立体交叉	km/处		主线下穿时,上跨主线的才计入分离立交,按交叉名称分级
1060501	××分离式立体交叉	处		
106050101	××分离立交桥梁	m		下挂桥梁模块

续表 B.0.1-1

分项编号	工程或费用名称	单位	主要工作内容	备　注
106050102	××分离立交连接线	km		下挂路基、路面、涵洞工程项目分表
	……			
10606	互通式立体交叉	km/处		按互通名称分级
1060601	××互通式立体交叉	km		注明类型，如单喇叭，再按主线和匝道分级
106060101	主线工程	km		下挂路基、路面、涵洞、桥梁等工程项目分表
106060102	匝道工程	km		下挂路基、路面、涵洞、桥梁等工程项目分表
	……			
107	交通工程及沿线设施	公路公里		
10701	交通安全设施	公路公里		下挂交通安全设施工程项目分表
	……			
10702	收费系统	车道/处		收费车道数/收费站数
1070201	收费中心设备安装与土建	收费车道		按不同的设备分级
1070202	收费中心设备费	收费车道		按不同的设备分级
1070203	收费站设备安装与土建	收费车道		按不同的设备分级
1070204	收费站设备费	收费车道		按不同的设备分级
1070205	收费车道设备安装与土建	收费车道		按不同的设备分级
1070206	收费车道设备费	收费车道		按不同的设备分级
1070207	收费系统配电工程	收费车道		按不同的设备分级
	……			
1070208	收费岛工程	收费车道	收费岛土建、收费亭	按不同的工程及设备分级
	……			
10703	监控系统	公路公里		
1070301	监控中心、分中心	公路公里		
107030101	监控中心、分中心设备安装	公路公里	含中心、分中心和隧道管理站等	按不同的设备分级
107030102	监控中心、分中心设备费	公路公里	含中心、分中心和隧道管理站等	按不同的设备分级

续表 B.0.1-1

分项编号	工程或费用名称	单位	主要工作内容	备　　注
1070302	外场监控	公路公里		
107030201	外场监控设备安装	公路公里		按不同的设备分级
107030202	外场监控设备费	公路公里		按不同的设备分级
1070303	监控系统配电工程	公路公里		按不同的设备分级
	……			
10704	通信系统	公路公里		
1070401	通信系统设备安装	公路公里		按不同的设施分级
1070402	通信系统设备费	公路公里		按不同的设施分级
	……			
1070403	缆线安装工程	公路公里		主材与安装费分列
107040301	缆线安装	公路公里		
107040302	缆线主材费用	公路公里		
	……			
10705	隧道机电工程	km/座		指隧道双洞长度及座数。按单座隧道进行分级
1070501	×××隧道机电工程			下挂隧道机电工程项目分表
	……			
10706	供电及照明系统	km		不含隧道内供配电
1070601	供电系统设备及安装	公路公里		按不同的部位分级
107060101	场区供电设备安装	公路公里		按不同的设施分级
107060102	场区供电设备费	公路公里		按不同的设施分级
1070602	照明系统设备与安装	公路公里		
107060201	场区照明安装	公路公里		
107060202	场区照明系统设备费	公路公里	不含灯杆、灯架、灯座箱	
107060203	大桥照明安装	公路公里		
107060204	大桥照明设备费	公路公里	不含灯杆、灯架、灯座箱	
	……			
10707	管理、养护、服务房建工程	m^2		
1070701	管理中心	m^2/处		
107070101	房建工程	m^2		
	……			
1070702	养护工区	m^2/处		
107070201	房建工程	m^2		注明砖混或框架等结构形式

续表 B.0.1-1

分项编号	工程或费用名称	单位	主要工作内容	备　注
107070202	附属设施	m^2		围墙、大门、道路、场区硬化、照明、排水等，不含土石方工程
	……			
1070703	服务区	m^2/处		
107070301	服务区房屋	m^2		注明砖混或框架等结构形式
107070302	附属设施	m^2	含围墙、大门、道路、场区硬化、照明、排水等，不含广场（场坪）土石方工程	广场（场坪）填挖土石方工程在主线土石方工程中
	……			
1070704	停车区	m^2/处		
	……			
1070705	收费站（棚）	m^2/处		
107070501	服务区房建工程	m^2		注明砖混或框架等结构形式
107070502	收费大棚	m^2		注明砖混或框架等结构形式
107070503	附属设施	m^2	含围墙、大门、道路、场区硬化、照明、排水等，不含广场（场坪）土石方工程	广场（场坪）填挖土石方工程在主线土石方工程中
	……			
1070706	公共交通车站	处		
107070601	港湾式	处		
107070605	直接式	处		
	……			
108	绿化及环境保护工程	公路公里		
10801	主线绿化及环境保护工程	公路公里		下挂绿化及环境保护工程项目分表
	……			
10802	互通立交绿化及环境保护工程	处		
1080201	××互通立交绿化及环境保护	处		下挂绿化及环境保护工程项目分表
	……			
10803	管养设施绿化及环境保护工程	m^2		按管养设施名称分级
1080301	××管理中心绿化及环境保护	m^2		下挂绿化及环境保护工程项目分表

续表 B.0.1-1

分项编号	工程或费用名称	单位	主要工作内容	备　　注
	……			
1080302	××服务区绿化及环境保护	m^2		下挂绿化及环境保护工程项目分表
	……			
1080303	××停车区绿化及环境保护	m^2		下挂绿化及环境保护工程项目分表
	……			
1080304	××养护工区绿化及环境保护	m^2		下挂绿化及环境保护工程项目分表
	……			
1080305	××收费站绿化及环境保护	m^2		下挂绿化及环境保护工程项目分表
	……			
10804	污水处理设施	处		按不同的内容分级
	……			
10805	取、弃土场绿化	处		下挂绿化及环境保护工程项目分表
	……			
109	其他工程	公路公里		
10901	联络线、支线工程	km/处		
1090101	××联络线、支线工程	km/处		下挂路基、路面、涵洞、桥梁、隧道、交通安全设施等工程项目分表
	……			
10902	连接线工程	km/处		
1090201	××连接线工程	km/处		下挂路基、路面、涵洞、桥梁、隧道、交通安全设施等工程项目分表
	……			
10903	辅道工程	km/处		
1090301	××辅道工程	km/处		下挂路基、路面、涵洞、桥梁、隧道、交通安全设施等工程项目分表
	……			
10904	改路工程	km/处		下挂路基工程项目分表
	……			
10905	改河、改沟、改渠	m/处		下挂路基工程项目分表

续表 B.0.1-1

分项编号	工程或费用名称	单位	主要工作内容	备　注
	……			
10906	悬出路台	m/处		
10907	渡口码头	处		
10908	取、弃土场排水防护	m^3		下挂路基工程项目分表
	……			
110	专项费用	元		
11001	施工场地建设费	元		
11002	安全生产费	元		
	……			
2	第二部分　土地使用及拆迁补偿费	公路公里		
201	土地使用费	亩		
20101	永久征用土地	亩		按土地类别属性分类
20102	临时用地	亩		按使用性质分类
202	拆迁补偿费	公路公里		
203	其他补偿费	公路公里		
	……			
3	第三部分　工程建设其他费	公路公里		
301	建设项目管理费	公路公里		
30101	建设单位(业主)管理费	公路公里		
30102	建设项目信息化费	公路公里		
30103	工程监理费	公路公里		
30104	设计文件审查费	公路公里		
30105	竣(交)工验收试验检测费	公路公里		
302	研究试验费	公路公里		
303	建设项目前期工作费	公路公里		
304	专项评价(估)费	公路公里		
305	联合试运转费	公路公里		
306	生产准备费	公路公里		
30601	工器具购置费	公路公里		
30602	办公和生活用家具购置费	公路公里		
30603	生产人员培训费	公路公里		
30604	应急保通设备购置费	公路公里		
307	工程保通管理费	公路公里		
30701	保通便道管理费	km		

续表 B.0.1-1

分项编号	工程或费用名称	单位	主要工作内容	备　　注
30702	施工期通航安全保障费	处		
30703	营运铁路保通管理费	处		
	……			
308	工程保险费	公路公里		
309	其他相关费用	公路公里		
4	第四部分　预备费	公路公里		
401	基本预备费	公路公里		
402	价差预备费	公路公里		
5	第一至四部分合计	公路公里		
6	建设期贷款利息	公路公里		
7	公路基本造价	公路公里		

注:此项目表和分项编码文本及电子库由本办法主编单位统一管理。编制概算、预算时,应执行统一的分项编号。

表 B.0.1-2 路基工程项目分表(LJ)

分项编号	工程或费用名称	单位	主要工程内容	备 注
LJ01	场地清理	km		
LJ0101	清理与掘除	km		按清除内容分级
LJ010101	清除表土	m^3		
LJ010102	伐树、挖根	棵		
LJ0102	挖除旧路面	m^3		按挖除路面的类型分级
LJ010201	挖除水泥混凝土路面	m^3		
LJ010202	挖除沥青混凝土路面	m^3		
LJ010203	挖除碎(砾)石路面	m^3		
	……			
LJ0103	拆除旧建筑物、构筑物	m^3		按拆除材料分级
LJ010301	拆除钢筋混凝土结构	m^3		
LJ010302	拆除混凝土结构	m^3		
LJ010303	拆除砖石及其他砌体	m^3		
	……			
LJ02	路基挖方	m^3		
LJ0201	挖土方	m^3	挖、装、运、弃	
LJ0202	挖石方	m^3	挖、装、运、弃	
	……			
LJ03	路基填方	m^3		
LJ0301	利用土方填筑	m^3	填筑	不含桥涵台背回填
LJ0302	借土方填筑	m^3	挖、装、运、填筑	不含桥涵台背回填
LJ0303	利用石方填筑	m^3	填筑	
LJ0304	借石方填筑	m^3	挖、装、运、解小、填筑	
LJ0305	填砂路基	m^3		
LJ0306	粉煤灰路基	m^3		
LJ0307	石灰土路基	m^3		
LJ04	结构物台背回填	m^3		按回填位置分级
LJ0401	锥坡填土	m^3		按不同的填筑材料分级
LJ0402	挡墙墙背回填	m^3		按不同的填筑材料分级
LJ0403	桥涵台背回填	m^3		按不同的填筑材料分级

续表 B.0.1-2

分项编号	工程或费用名称	单位	主要工程内容	备　注
LJ05	特殊路基处理	km		指需要处理的路基长度
LJ0501	软土地区路基处理	km		按不同的处理方法分级
LJ050101	抛石挤淤	m^3		
LJ050102	垫层	m^3		按不同的填料分级
LJ050103	土工织物	m^2		按不同的土工织物分级
LJ050104	预压与超载预压	m^3		
LJ050105	真空预压与堆载预压	m^3		
LJ050106	塑料排水板	m		
LJ050107	水泥搅拌桩	m		
LJ050108	碎石桩	m		
LJ050109	混凝土管桩	m		
	……			
LJ0502	不良地质路段处治	km		
LJ050201	滑坡地段路基防治	km/处		按不同的处理方法分级
LJ050202	崩塌及岩堆路段路基防治	km/处		按不同的处理方法分级
LJ050203	泥石流路段路基防治	km/处		按不同的处理方法分级
LJ050204	岩溶地区防治	km/处		按不同的处理方法分级
LJ050205	采空区处理	km/处		按不同的处理方法分级
LJ050206	膨胀土处理	km		按不同的处理方法分级
LJ050207	黄土处理	m^3		按黄土的不同特性及处理方法分级
LJ05020701	陷穴	m^3		按不同的处理方法分级
LJ05020702	湿陷性黄土	m^3		按不同的处理方法分级
LJ050208	滨海路基防护与加固	km/处		按不同的处理方法分级
LJ050209	盐渍土处理	m^3		按不同的处理方法分级
	……			
LJ06	排水工程	km		路基工程长度,按不同的结构类型分级
LJ0601	边沟	m^3/m		按不同的材料分级
LJ060101	现浇混凝土边沟	m^3/m		
LJ060102	浆砌混凝土预制块边沟	m^3/m		
LJ060103	浆砌片块石边沟	m^3/m		
	……			
LJ0602	排水沟	m^3/m		按不同的材料分级
LJ060201	现浇混凝土排水沟	m^3/m		

续表 B.0.1-2

分项编号	工程或费用名称	单位	主要工程内容	备　注
LJ060202	浆砌混凝土预制块排水沟	m^3/m		
LJ060203	浆砌片(块)石排水沟	m^3/m		
	……			
LJ0603	截水沟	m^3/m		按不同的材料分级
LJ060301	浆砌混凝土预制块截水沟	m^3/m		
LJ060302	浆砌片(块)石截水沟	m^3/m		
	……			
LJ0604	急流槽	m^3/m		按不同的材料分级
LJ060401	现浇混凝土急流槽	m^3/m		
LJ060402	浆砌片(块)石急流槽	m^3/m		
	……			
LJ0605	暗沟	m^3/m		按不同的材料分级
LJ060501	现浇混凝土暗沟	m^3/m		
LJ060502	浆砌片石暗沟	m^3/m		
	……			
LJ0606	渗(盲)沟	m^3/m		按不同的材料分级
LJ0607	其他排水工程	km		
	……			
LJ07	路基防护与加固工程	km		按不同的结构类型分级
LJ0701	一般边坡防护与加固	km		坡底与路基顶面交界长度(按单边计),指非高边坡路段的防护及支挡建筑物
LJ0702	高边坡防护与加固	km/处	包括植物防护、圬工防护、导治结构物及支挡建筑物等	坡底与路基顶面交界长度(按单边计),指土质挖方边坡高度大于20m、岩质挖方边坡高度大于30m或填方边坡大于20m的边坡防护与加固
LJ0703	冲刷防护	m	包括植物防护、铺石、抛石、石笼、导治结构物等	防护水流对路基冲刷和淘刷的防护工程;防护段长度
LJ0704	其他防护	km	除以上路基防护工程外的路基其他防护工程等	指路基长度
	……			
LJ08	路基其他工程	km	除以上工程外的路基工程,包括整修路基、整修边坡等	指路基长度
	……			

表 B.0.1-3 路面工程项目分表(LM)

分项编号	工程或费用名称	单位	主要工作内容	备　注
LM01	沥青混凝土路面			
LM0101	路面垫层	m^2		按不同的材料分级
LM010101	碎石垫层	m^2		按不同的厚度分级
LM010102	砂砾垫层	m^2		按不同的厚度分级
	……			
LM0102	路面底基层	m^2		按不同的材料分级
LM010201	石灰稳定类底基层	m^2		按不同的厚度分级
LM010202	水泥稳定类底基层	m^2		按不同的厚度分级
LM010203	石灰粉煤灰稳定类底基层	m^2		按不同的厚度分级
LM010204	级配碎(砾)石底基层	m^2		按不同的厚度分级
	……			
LM0103	路面基层	m^2		按不同的材料分级
LM010301	石灰稳定类基层	m^2		按不同的厚度分级
LM010302	水泥稳定类基层	m^2		按不同的厚度分级
LM010303	石灰粉煤灰稳定类基层	m^2		按不同的厚度分级
LM010304	级配碎(砾)石基层	m^2		按不同的厚度分级
LM010305	水泥混凝土基层	m^2		按不同的厚度分级
LM010306	沥青碎石混合料基层	m^2		按不同的厚度分级
	……			
LM0104	透层、黏层、封层	m^2		按不同的形式分级
LM010401	透层	m^2		按不同的材料分级
LM010402	黏层	m^2		按不同的材料分级
LM010403	封层	m^2		按不同的材料分级
LM010404	沥青表处封层	m^2		
LM010405	稀浆封层	m^2		
LM010406	沥青同步碎石封层	m^2		
LM010407	土工布	m^2		
LM010408	玻璃纤维格栅	m^2		
	……			
LM0105	沥青混凝土面层	m^2		
LM010501	粗粒式沥青混凝土面层	m^2		按不同的厚度分级

续表 B.0.1-3

分项编号	工程或费用名称	单位	主要工作内容	备　注
LM010502	中粒式沥青混凝土面层	m^2		按不同的厚度分级
LM010503	细粒式沥青混凝土面层	m^2		按不同的厚度分级
LM010504	改性沥青混凝土面层	m^2		按不同的厚度分级
LM010505	沥青玛蹄脂碎石混合料面层	m^2		按不同的厚度分级
	……			
LM02	水泥混凝土路面	m^2		
LM0201	路面垫层	m^2		按不同的材料分级
LM020101	碎石垫层	m^2		按不同的厚度分级
LM020102	砂砾垫层	m^2		按不同的厚度分级
	……			
LM0202	路面底基层	m^2		按不同的材料分级
LM020201	石灰稳定类底基层	m^2		按不同的厚度分级
LM020202	水泥稳定类底基层	m^2		按不同的厚度分级
LM020203	石灰粉煤灰稳定类底基层	m^2		按不同的厚度分级
LM020204	级配碎(砾)石底基层	m^2		按不同的厚度分级
	……			
LM0203	路面基层	m^2		按不同的材料分级
LM020301	石灰稳定类基层	m^2		按不同的厚度分级
LM020302	水泥稳定类基层	m^2		按不同的厚度分级
LM020303	石灰粉煤灰稳定类基层	m^2		按不同的厚度分级
LM020304	级配碎(砾)石基层	m^2		按不同的厚度分级
LM020305	水泥混凝土基层	m^2		按不同的厚度分级
LM020306	沥青碎石混合料基层	m^2		按不同的厚度分级
	……			
LM0204	透层、黏层、封层	m^2		按不同的形式分级
LM020401	透层	m^2		按不同的材料分级
LM020402	黏层	m^2		按不同的材料分级
LM020403	封层	m^2		按不同的材料分级
LM020404	沥青表处封层	m^2		
LM020405	稀浆封层	m^2		
LM020406	沥青同步碎石封层	m^2		
LM020407	土工布	m^2		

续表 B.0.1-3

分项编号	工程或费用名称	单位	主要工作内容	备　注
LM020408	玻璃纤维格栅	m^2		
	……			
LM0205	水泥混凝土面层	m^2		按不同的材料分级
LM020501	水泥混凝土	m^2		按不同的厚度分级
LM020502	钢筋	t		
LM03	其他路面	m^2		按不同的类型分级
	……			
LM04	路槽、路肩及中央分隔带	m^2		
LM0401	挖路槽	m^2		按不同的土质分级
LM040101	土质路槽	m^2		
LM040102	石质路槽	m^2		
LM0402	路肩	km		
LM040201	培路肩	m^3		
LM040202	土路肩加固	m^3		按不同的加固方式分级
LM04020201	现浇混凝土	m^3		
LM04020202	铺砌混凝土预制块（路边石）	m^3		
LM04020203	浆砌片石	m^3		
	……			
LM0403	中间带	km		
LM040301	回填土	m^3		
LM040302	路缘石	m^3		按现浇和预制安装分级
LM040303	混凝土过水槽	m^3		
	……			
LM05	路面排水	km		按不同的类型分级
LM0501	拦水带	m		按不同的材料分级
LM050101	沥青混凝土	m^2/m		
LM050102	水泥混凝土	m^3/m		
LM0502	排水沟	m^3/m		按不同的类型分级
LM050201	路肩排水沟	m^3/m		
LM050202	中央分隔带排水沟	m^3/m		
LM0503	混凝土过水槽	m^3		
LM0504	排水管	m		按不同的类型分级

续表 B.0.1-3

分项编号	工程或费用名称	单位	主要工作内容	备　注
LM050401	纵向排水管	m		按不同的管径分级
LM050402	横向排水管	m/道		
LM0505	集水井	m^3/个		按不同的规格分级
LM0506	检查井	m^3/个		
	……			
LM06	旧路面处理	km/m^2		按不同的类型分级
	……			

表 B.0.1-4　涵洞工程项目分表(HD)

分项编号	工程或费用名称	单位	主要工作内容	备　注
HD01	管涵	m/道		按管径和单、双孔分级
HD02	盖板涵	m/道		按不同的材料和涵径分级
HD03	箱涵	m/道		按不同的涵径分级
HD04	拱涵	m/道		按不同的材料和涵径分级
	……			

表 B.0.1-5　桥梁工程项目分表(QL)

分项编号	工程或费用名称	单位	主要工作内容	备　注
QL01	基础工程	m^3		
QL0101	扩大基础	m^3		
QL010101	轻型墩台	m^3		
QL010102	实体式	m^3		
QL0102	桩基础	m^3/m		
QL010201	灌注桩基础	m^3		
QL010202	预制桩基础	m^3		
QL010203	钢管桩基础	t/m		
	……			
QL0103	沉井基础	m^3		
QL0104	钢围堰	t		大桥或特大桥的钢围堰深水基础
QL0105	承台	m^3		
QL0106	系梁	m^3		指地面以下系梁
	……			
QL02	下部构造	m^3		
QL0201	桥台	m^3		
QL0202	桥墩	m^3		
QL0203	索塔	m^3		
	……			
QL03	上部构造	m^2		按不同的形式划分细目,并注明其跨径
QL0301	钢筋混凝土矩形板	m^3		
QL0302	钢筋混凝土空心板	m^3		
QL0303	预应力混凝土空心板	m^3		
QL0304	预应力混凝土小箱梁	m^3		
QL0305	预应力混凝土 T 梁	m^3		
QL0306	现浇混凝土连续梁	m^3		
QL0307	现浇混凝土刚构	m^3		
QL0308	钢管拱肋	t		含钢管拱、缆索安装(含缆索吊装、扣索系统等)
QL0309	钢管混凝土	m^3		
QL0310	混凝土拱肋	m^3		含拱肋混凝土、预应力钢材
QL0311	箱形拱	m^3		
QL0312	钢箱梁	t		

续表 B.0.1-5

分项编号	工程或费用名称	单位	主要工作内容	备　注
QL0313	主缆	t		包含主缆制作、安装
QL0314	猫道	m		包含牵引系统
QL0315	索鞍	t		
QL0316	吊索	t		
QL0317	吊杆	t		
	……			
QL04	桥面铺装	m^2		
QL0401	沥青混凝土铺装	m^3		包含桥面防水层
QL0402	水泥混凝土铺装	m^3		包含桥面防水层
QL0403	钢桥面沥青混凝土铺装	m^3		包含桥面防水层
	……			
QL05	桥梁附属结构	m^2		
QL0501	桥梁支座	个		
QL050101	板式橡胶支座	dm^3		
QL050102	盆式橡胶支座	个		
	……			
QL0502	伸缩缝	m		
QL050201	模数式伸缩缝	m		
	……			
QL0503	护栏与护网	m		
QL050301	人行道及栏杆	m		
QL050302	桥梁钢防撞护栏	m		
QL050303	桥梁波形梁护栏	m		
QL050304	桥梁混凝土防撞护栏	m		
QL050305	桥梁防护网	m		
QL06	其他工程	m		
	……			

表 B.0.1-6　隧道工程项目分表(SD)

分项编号	工程或费用名称	单位	主要工程内容	备　注
SD01	洞门及明洞开挖	m^3		
SD0101	挖土方	m^3		
SD0102	挖石方	m^3		
	……			
SD02	洞口坡面排水、防护	m^3		
SD0201	浆砌截水沟	m^3		
SD0202	浆砌片石护坡	m^3		
SD0203	混凝土护坡	m^3		
SD0204	喷射混凝土	m^3		
SD0205	钢筋网	t		
SD0206	锚杆	t/m		
SD0207	种草(皮)	m^2		
SD0208	保温出水口	个		
	……			
SD03	洞门建筑	m^3/座		按不同材料分级
SD0301	浆砌洞门墙	m^3		
SD0302	混凝土洞门墙	m^3		
SD04	明洞修筑	m		
SD0401	明洞衬砌及洞顶回填	m^3/m		
SD040101	混凝土衬砌	m^3		
SD040102	钢筋	t		
SD040103	洞顶回填	m^3		
SD04010301	浆砌片石	m^3		
SD04010302	碎石土	m^3		
SD040104	遮光棚(板)	m		
SD04010401	基础	m^3		
SD04010402	型钢支架	t		
SD04010403	遮光棚(板)	m^2		
	……			
SD05	洞身开挖	m^3/m		
SD0501	开挖	m^3/m		按围岩级别分级
SD0502	注浆小导管	m		
SD0503	管棚	m		
SD0504	锚杆	m		按锚杆类型分级
SD0505	钢拱架(支撑)	t		

续表 B.0.1-6

分项编号	工程或费用名称	单位	主要工程内容	备　　注
SD0506	注浆工程	m^3		
SD0507	套拱混凝土	m^3		
SD0508	孔口管	t		
SD0509	喷混凝土	m^3		
SD0510	钢筋网	t		
	……			
SD06	洞身衬砌	m^3		
SD0601	浆砌块(片)石	m^3		
SD0602	现浇混凝土	m^3		
SD0603	钢筋	t		
	……			
SD07	仰拱	m^3		
SD0701	仰拱混凝土	m^3		
SD0702	仰拱回填混凝土	m^3		
SD0703	钢筋	t		
	……			
SD08	洞内管、沟	m^3		洞内管沟按照不同类别单列
SD0801	电缆沟	m		
SD080101	现浇混凝土	m/m^3		
SD080102	预制混凝土	m/m^3		
SD080103	钢筋	t		
SD080104	碎石垫层	m^3		
	……			
SD09	防水与排水	m^3		
SD0901	防水板	m^2		
SD0902	止水带、条	m		
SD0903	压浆	m^3		
SD0904	排水管	m		
	……			
SD10	洞内路面	m^2		按不同的路面结构和厚度分级
SD1001	水泥混凝土路面	m^2		
SD1002	沥青混凝土路面	m^2		
	……			

续表 B.0.1-6

分项编号	工程或费用名称	单位	主要工程内容	备　注
SD11	洞身及洞门装饰	m^2		
SD1101	隧道铭牌	个		
SD1102	喷防火涂料	m^2		
	……			

表 B.0.1-7　交通安全设施工程项目分表(JA)

分项编号	工程或费用名称	单位	主要工作内容	备　注
JA01	护栏	m		
JA0101	混凝土、圬工砌体护栏	m^3/m		
JA010101	预制混凝土护栏	m^3/m		
	……			
JA0102	现浇钢筋混凝土防撞护栏	m^3/m		
JA010201	现浇钢筋混凝土防撞护栏墙体混凝土	m^3/m		
JA0103	柱式护栏	m^3/m		
JA0104	石砌墙式护栏	m^3/m		
JA0105	钢护栏	m		
JA010501	波形钢板护栏	m		
JA010502	缆索护栏	m		
JA010503	活动护栏	m		
JA02	隔离栅	m		
JA03	标志牌	块		
JA0301	铝合金标志牌	块		
JA030101	单柱式铝合金标志牌	块		
JA030102	双柱式铝合金标志牌	块		
JA030103	单悬臂铝合金标志牌	块		
JA030104	双悬臂铝合金标志牌	块		
JA030105	门架式铝合金标志牌	块		
JA030106	附着式铝合金标志牌	块		
JA0302	钢板标志牌	块		
JA030201	单柱式钢板标志牌	块		
JA030202	双柱式钢板标志牌	块		
JA030203	单悬臂钢板标志牌	块		
JA030204	双悬臂钢板标志牌	块		
JA030205	门架式钢板标志牌	块		
JA030206	附着式钢板标志牌	块		
	……			
JA04	标线	m^2		指标线的总面积
JA0401	路面标线	m^2		
JA040101	热熔标线	m^2/m		
JA040102	普通标线	m^2/m		

续表 B.0.1-7

分项编号	工程或费用名称	单位	主要工作内容	备　注
JA040103	振动标线	m^2/m		
JA040104	彩色铺装标线	m^2		
	……			
JA0402	路钮	个		
JA040201	路面反光路钮	个		
JA040202	自发光路面标识	个		
	……			
JA0403	减速带	m/处		
JA05	里程牌、百米桩、界碑	个		
JA0501	混凝土里程牌、百米桩、界碑	个		
JA050101	混凝土里程牌	个		
JA050102	混凝土百米桩	个		
JA050103	混凝土界碑	个		
JA0502	铝合金里程牌、百米桩、界碑	个		
JA050201	铝合金里程牌	个		
JA050202	铝合金百米桩	个		
JA050203	铝合金界碑	个		
JA06	轮廓标	个		
JA0601	钢板柱轮廓标	个		
JA0602	玻璃钢柱式轮廓标	个		
JA0603	栏式轮廓标	个		
JA07	防眩、防撞设施			
JA0701	防眩板	m		
JA0702	防眩网	m		
JA0703	防撞桶	个		
JA0704	防撞垫	个		
JA0705	水马	个		
JA08	中间带及车道分离块	公路公里		
JA0801	中间带	公路公里		
JA080101	预制混凝土中间带	m^3/m		
JA080102	现浇混凝土中间带	m^3/m		
JA080103	中间带填土	m^3		
JA0802	隔离墩	m		
JA080201	预制混凝土隔离墩	m^3/m		

续表 B.0.1-7

分项编号	工程或费用名称	单位	主要工作内容	备　注
JA0380202	现浇混凝土隔离墩	m^3/m		
JA0803	车道分离块	m^3/m		
JA09	安全设施拆除工程	公路公里		
JA0901	拆除铝合金标志	个		
JA0902	拆除混凝土护栏	m^3/m		
JA0903	拆除波形梁护栏	m		
JA0904	拆除隔离栅	m		
JA0905	拆除里程牌	个		
JA0906	拆除百米牌	个		
JA0907	拆除界碑	个		
JA0908	拆除防眩板	m		
JA0909	拆除突起路标	块		
JA0910	铲除标线	m^2/m		
JA10	客运汽车停靠站防雨棚	个		
JA1001	钢结构防雨棚	个		
JA1002	钢筋混凝土防雨棚	个		
JA1003	客运汽车停靠站地坪	m^2		
	……			

表 B.0.1-8 隧道机电工程项目分表(SJ)

分项编号	工程或费用名称	单位	主要工作内容	备注
SJ01	隧道监控			
SJ0101	隧道监控设备费			
SJ0102	隧道监控设备安装			
SJ0103	监控系统配电工程			
	……			
SJ02	隧道供电及照明系统			
SJ0201	隧道供电设备费			
SJ0202	隧道照明安装			
	……			
SJ03	隧道通风系统	km		按隧道单洞长度
SJ0301	隧道通风设备费	km		
SJ0302	隧道通风设备安装	km		
	……			
SJ04	隧道消防系统	km		按隧道单洞长度
SJ0401	隧道消防设备费	km		
SJ0402	隧道消防设备安装	km		
	……			
SJ06	洞室门	个		按洞室类型分级
SJ0601	卷帘门	个		
SJ0602	检修门	个		
SJ0603	风机启动柜洞门	个		
SJ0604	消防室洞门	个		
SJ0605	防火闸门	个		
	……			

表 B.0.1-9 绿化及环境保护工程项目分表(LH)

分项编号	工程或费用名称	单位	主要工作内容	备　注
LH01	边坡绿化工程	m^2		按不同的材料分级、建议列入绿化工程
LH0101	播种草籽	m^2		
LH0102	铺(植)草皮	m^2		
LH0103	土工织物植草	m^2		
LH0104	植生袋植草	m^2		
LH0105	液压喷播植草	m^2		
LH0106	客土喷播植草	m^2		
LH0107	喷混植草	m^2		
LH0108	路堑边坡种植(插扦)灌木	m^2 或株		
LH0109	路堤边坡种植(插扦)灌木	m^2 或株		
	……			
LH02	场地绿化及环保	m^2		按不同的内容分级
LH0201	撒播草种	m^2		按不同的内容分级
LH0202	铺植草皮	m^2		按不同的内容分级
LH0203	绿地喷灌管道	m		按不同的内容分级
	……			
LH03	种植乔木	株		按不同的树种分级
LH0301	高山榕	株		
LH0302	美人蕉	株		
	……			
LH04	种植灌木	株		按不同的树种分级
LH0401	夹竹桃	株		
LH0402	月季	株		
	……			
LH05	种植攀缘植物	株		按不同的树种分级
LH0501	爬山虎	株		
LH0502	葛藤	株		
	……			
LH06	种植竹类植物	株		按不同的内容分级
LH07	种植棕榈类植物	株		按不同的内容分级
LH08	栽植绿篱	m^2		
LH09	声屏障	m		按不同的材料及类型分级

续表 B.0.1-9

分项编号	工程或费用名称	单位	主要工作内容	备　注
LH0901	消声板声屏障	m		
LH0902	吸音砖声屏障	m^3		
LH0903	砖墙声屏障	m^3		
	……			

附录C　设备与材料的划分标准

C.0.1　工程建设设备与材料的划分,直接关系到投资构成的合理划分、概(预)算的编制以及施工产值的计算等方面。为合理确定工程造价,加强对建设过程投资管理,统一概(预)算编制口径,对交通工程中设备与材料的划分提出如下划分原则和规定。本规定如与国家主管部门新颁布的规定相抵触,按国家规定执行。

C.0.2　适用范围:

本标准适用于公路建设机电设备和建筑材料的划分。

C.0.3　设备与材料的划分原则:

1　凡是经过加工制造,由多种材料和部件按各自用途组成生产加工、动力、传送、储存、运输、科研等功能的机器、容器和其他机械、成套装置等均为设备。设备分为标准设备和非标准设备。

1)标准设备(包括通用设备和专用设备):按国家规定的产品标准批量生产的、已进入设备系列的设备。

2)非标准设备:是指国家未定型、非批量生产的,由设计单位提供制造图纸,委托承制单位或施工企业在工厂或施工现场制作的设备。

2　设备一般包括以下各项:

1)各种设备的本体及随设备到货的配件、备件和附属于设备本体制作成型的梯子、平台、栏杆及管道等。

2)各种计量器、仪表及自动化控制装置、试验仪器及属于设备本体部分的仪器仪表等。

3)附属于设备本体的油类、化学药品等设备的组成部分。

4)用于生产或生活、附属于建筑物的水泵、锅炉及水处理设备、电气、通风设备等。

3　为完成建筑、安装工程所需的经过工业加工的原料和在工艺生产过程中不起单元工艺生产作用的设备本体以外的零配件、附件、成品、半成品等均为材料。材料一般包括以下各项:

1)设备本体以外的不属于设备配套供货,需由施工企业进行加工制作或委托加工的平台、梯子、栏杆及其他金属构件等,以及成品、半成品形式供货的管道、管件、阀门、法兰等。

2)设备本体以外的各种行车轨道、滑触线、电梯的滑轨等均为材料。

C.0.4 设备与材料的划分界限：

1 设备：

1)通信系统：市内、长途电话交换机、程控电话交换机，微波、载波通信设备，电报和传真设备，中、短波通信设备及中短波电视天馈线装置，移动通信设备、卫星地球站设备，通信电源设备，光纤通信数字设备，有线广播设备等各种生产及配套设备和随机附件等。

2)监控和收费系统：自动化控制装置、计算机及其终端、工业电视、检测控制装置、各种探测器、除尘设备、分析仪表、显示仪表、基地式仪表、单元组合仪表、变送器、传送器及调节阀、盘上安装器，压力、温度、流量、差压、物位仪表，成套供应的盘、箱、柜、屏（包括箱和已经安装就位的仪表、元件等）及随主机配套供应的仪表等。

3)电气系统：各种电力变压器、互感器、调压器、感应移相器、电抗器、高压断路器、高压熔断器、稳压器、电源调整器、高压隔离开关、装置式空气开关、电力电容器、蓄电池、磁力启动器、交直流报警器、成套箱式变电站、共箱母线、封闭式母线槽，成套供应的箱、盘、柜、屏及其随设备带来的母线和支持瓷瓶等。

4)通风及管道系统：空气加热器、冷却器、各种空调机、风尘管、过滤器、制冷机组、空调机组、空调器、各类风机、除尘设备、风机盘管、净化工作台、风淋室、冷却塔、公称直径300mm以上的人工阀门和电动阀门等。

5)房屋建筑：电梯、成套或散装到货的锅炉及其附属设备、汽轮发电机及其附属设备、电动机、污水处理装置、电子秤、地中衡、开水炉、冷藏箱，热力系统的除氧器水箱和疏水箱，工业水系统的工业水箱，油冷却系统的油箱，酸碱系统的酸碱储存槽，循环水系统的旋转滤网、启闭装置的启闭机等。

6)消防及安全系统：隔膜式气压水罐（气压罐）、泡沫发生器、比例混合器、报警控制器、报警信号前端传输设备、无线报警发送设备、报警信号接收机、可视对讲主机、联动控制器、报警联动一体机、重复显示器、远程控制器、消防广播控制柜、广播功放、录音机、广播分配器、消防通信电话交换机、消防报警备用电源、X射线安全检查设备、金属武器探测门、摄像设备、监视器、镜头、云台、控制台、监视器柜、支台控制器、视频切换器、全电脑视频切换设备、音频分配器、视频分配器、脉冲分配器、视频补偿器、视频传输设备、汉字发生设备、录像、录音设备、电源、CRT显示终端、模拟盘等。

7)炉窑砌筑：装置在炉窑中的成品炉管、电机、鼓风机和炉窑传动、提升装置，属于炉窑本体的金属铸体、锻件、加工件及测温装置、仪器仪表、消烟装置、回收装置、除尘装置，随炉供应已安装就位的金具、耐火衬里、炉体金属预埋件等。

8)各种机动车辆。

9)各种工艺设备在试车时必须填充的一次性填充材料（如各种瓷环、钢环、塑料环、钢球等）、各种化学药品（如树脂、珠光砂、触煤、干燥剂、催化剂等）及变压器油等，不论是随设备带来的，还是单独订货购置的，均视为设备的组成部分。

2 材料：

1)各种管道、管件、配件、人工阀门、水表、防腐保温及绝缘材料、油漆、支架、消火栓、空气泡沫枪、泡沫炮、灭火器、灭火机、灭火剂、泡沫液、水泵接合器、可曲橡胶接头、消防喷头、卫生器具、钢制排水漏斗、水箱、分气缸、疏水器、减压器、压力表、温度计、调压板、散热器、供暖器具、凝结水箱、膨胀水箱、冷热水混合器、除污器、分水缸(器)、风管及其附件和各种调节阀、风口、风帽、罩类、消声器及其部(构)件、散流器、保护壳、风机减震台座、减震器、凝结水收集器、单双人焊接装置、煤气灶、煤气表、烘箱灶、火管式沸水器、水型热水器、开关、引火棒、防雨帽、放散管拉紧装置等。

2)各种电线、母线、绞线、电缆、电缆终端头、电缆中间头、吊车滑触线、接地母线，接地极、避雷线、避雷装置(包括各种避雷器、避雷针等)、高低压绝缘子、线夹、穿墙套管、灯具、开关、灯头盒、开关盒、接线盒、插座、闸盒保险器、电杆、横担、铁塔、各种支架、仪表插座、桥架、梯架、立柱、托臂、人孔手孔、挂墙照明配电箱、局部照明变压器、按钮、行程开关、刀闸开关、组合开关、转换开关、铁壳开关、电扇、电铃、电表、蜂鸣器、电笛、信号灯、低音扬声器、电话单机、熔断器等。

3)循环水系统的钢板闸门及拦污栅、启闭构架等。

4)现场制作与安装的炉管及其他所需的材料或填料，现场砌筑用的耐火、耐酸、保温、防腐、捣打料、绝热纤维、天然白泡石、玄武岩、金具、炉门及窥视孔、预埋件等。

5)所有随管线(路)同时组合安装的一次性仪表、配件、部件及元件(包括就地安装的温度计、压力表)等。

6)制造厂以散件或分段分片供货的塔、器、罐等，在现场拼接、组装、焊接、安装内件或改制时所消耗的物料均为材料。

7)各种金属材料、金属制品、焊接材料、非金属材料、化工辅助材料、其他材料等。

3　对于一些在制造厂未整体制作完成的设备，或分片压制成型，或分段散装供货的设备，需要建安工人在施工现场加工、拼装、焊接的，按上述划分原则和其投资构成应属于设备。为合理反映建安工人付出的劳动和创造的价值，可按其在现场加工组装焊接的工作量，将其分片或组装件按其设备价值的一部分以加工费的形式计入安装工程费内。

4　供应原材料，在施工现场制作安装或施工企业附属生产单位为本单元承包工程制作并安装的非标准设备，除配套的电机、减速机外，其加工制作消耗的工、料(包括主材)、机等均应计入安装工程费内。

5　凡是制造厂未制造完成的设备，已分片压制成型、散装或分段供货，需要建安工人在施工现场拼装、组装、焊接及安装内件的，其制作、安装所需的物料为材料，内件、塔盘为设备。

附录D　全国冬季施工气温区划分表

省份	地区、市、自治州、盟(县)	气温区	
北京	全境	冬二	Ⅰ
天津	全境	冬二	Ⅰ
河北	石家庄、邢台、邯郸、衡水市(冀州区、枣强县、故城县)	冬一	Ⅱ
	廊坊、保定(涞源县及以北除外)、衡水(冀州区、枣强县、故城县除外)、沧州市	冬二	Ⅰ
	唐山、秦皇岛市		Ⅱ
	承德(围场县除外)、张家口(沽源县、张北县、尚义县、康保县除外)、保定市(涞源县及以北)	冬三	
	承德(围场县)、张家口市(沽源县、张北县、尚义县、康保县)	冬四	
山西	运城市(万荣县、夏县、绛县、新绛县、稷山县、闻喜县除外)	冬一	Ⅱ
	运城(万荣县、夏县、绛县、新绛县、稷山县、闻喜县)、临汾(尧都区、侯马市、曲沃县、翼城县、襄汾县、洪洞县)、阳泉(盂县除外)、长治(黎城县)、晋城市(城区、泽州县、沁水县、阳城县)	冬二	Ⅰ
	太原(娄烦县除外)、阳泉(盂县)、长治(黎城县除外)、晋城(城区、泽州县、沁水县、阳城县除外)、晋中(寿阳县、和顺县、左权县除外)、临汾(尧都区、侯马市、曲沃县、翼城县、襄汾县、洪洞县除外)、吕梁市(孝义市、汾阳市、文水县、交城县、柳林县、石楼县、交口县、中阳县)		Ⅱ
	太原(娄烦县)、大同(左云县除外)、朔州(右玉县除外)、晋中(寿阳县、和顺县、左权县)、忻州、吕梁市(离石区、临县、岚县、方山县、兴县)	冬三	
	大同(左云县)、朔州市(右玉县)	冬四	
内蒙古	乌海市、阿拉善盟(阿拉善左旗、阿拉善右旗)	冬二	Ⅰ
	呼和浩特(武川县除外)、包头(固阳县除外)、赤峰、鄂尔多斯、巴彦淖尔、乌兰察布市(察哈尔右翼中旗除外),阿拉善盟(额济纳旗)	冬三	
	呼和浩特(武川县)、包头(固阳县)、通辽、乌兰察布市(察哈尔右翼中旗),锡林郭勒(苏尼特右旗、多伦县)、兴安盟(阿尔山市除外)	冬四	
	呼伦贝尔市(海拉尔区、新巴尔虎右旗、阿荣旗),兴安(阿尔山市)、锡林郭勒盟(冬四区以外各地)	冬五	
	呼伦贝尔市(冬五区以外各地)	冬六	
辽宁	大连(瓦房店市、普兰店市、庄河市除外)、葫芦岛市(绥中县)	冬二	Ⅰ
	沈阳(康平县、法库县除外)、大连(瓦房店市、普兰店市、庄河市)、鞍山、本溪(桓仁县除外)、丹东、锦州、阜新、营口、辽阳、朝阳(建平县除外)、葫芦岛(绥中县除外)、盘锦市	冬三	
	沈阳(康平县、法库县)、抚顺、本溪(桓仁县)、朝阳(建平县)、铁岭市	冬四	

续上表

省份	地区、市、自治州、盟(县)	气温区	
吉林	长春(榆树市除外)、四平、通化(辉南县除外)、辽源、白山(靖宇县、抚松县、长白县除外)、松原(长岭县)、白城市(通榆县),延边自治州(敦化市、汪清县、安图县除外)	冬四	
	长春(榆树市)、吉林、通化(辉南县)、白山(靖宇县、抚松县、长白县)、白城(通榆县除外)、松原市(长岭县除外),延边自治州(敦化市、汪清县、安图县)	冬五	
黑龙江	牡丹江市(绥芬河市、东宁市)	冬四	
	哈尔滨(依兰县除外)、齐齐哈尔(讷河市、依安县、富裕县、克山县、克东县、拜泉县除外)、绥化(安达市、肇东市、兰西县)、牡丹江(绥芬河市、东宁市除外)、双鸭山(宝清县)、佳木斯(桦南县)、鸡西、七台河、大庆市	冬五	
	哈尔滨(依兰县)、佳木斯(桦南县除外)、双鸭山(宝清县除外)、绥化(安达市、肇东市、兰西县除外)、齐齐哈尔(讷河市、依安县、富裕县、克山县、克东县、拜泉县)、黑河、鹤岗、伊春市,大兴安岭地区	冬六	
上海	全境	准二	
江苏	徐州、连云港市	冬一	Ⅰ
	南京、无锡、常州、淮安、盐城、宿迁、扬州、泰州、南通、镇江、苏州市	准二	
浙江	杭州、嘉兴、绍兴、宁波、湖州、衢州、舟山、金华、温州、台州、丽水市	准二	
安徽	亳州市	冬一	Ⅰ
	阜阳、蚌埠、淮南、滁州、合肥、六安、马鞍山、芜湖、铜陵、池州、宣城、黄山市	准一	
	淮北、宿州市	准二	
福建	宁德(寿宁县、周宁县、屏南县)、三明市	准一	
江西	南昌、萍乡、景德镇、九江、新余、上饶、抚州、宜春市	准一	
山东	全境	冬一	Ⅰ
河南	安阳、商丘、周口(西华县、淮阳县、鹿邑县、扶沟县、太康县)、新乡、三门峡、洛阳、郑州、开封、鹤壁、焦作、济源、濮阳、许昌市	冬一	Ⅰ
	驻马店、信阳、南阳、周口(西华县、淮阳县、鹿邑县、扶沟县、太康县除外)、平顶山、漯河市	准二	
湖北	武汉、黄石、荆州、荆门、鄂州、宜昌、咸宁、黄冈、天门、潜江、仙桃市,恩施自治州	准一	
	孝感、十堰、襄阳、随州市,神农架林区	准二	
湖南	全境	准一	
重庆	城口县	准一	
四川	阿坝(黑水县)、甘孜自治州(新龙县、道浮县、泸定县)	冬一	Ⅱ
	甘孜自治州(甘孜县、康定市、白玉县、炉霍县)	冬二	Ⅰ
	阿坝(壤塘县、红原县、松潘县)、甘孜自治州(德格县)		Ⅱ
	阿坝(阿坝县、若尔盖县、九寨沟县)、甘孜自治州(石渠县、色达县)	冬三	
	广元市(青川县),阿坝(汶川县、小金县、茂县、理县)、甘孜(巴塘县、雅江县、得荣县、九龙县、理塘县、乡城县、稻城县)、凉山自治州(盐源县、木里县)	准一	
	阿坝(马尔康市、金川县)、甘孜自治州(丹巴县)	准二	

续上表

省份	地区、市、自治州、盟（县）	气温区	
贵州	贵阳、遵义（赤水市除外）、安顺市，黔东南、黔南、黔西南自治州	准一	
	六盘水、毕节市	准二	
云南	迪庆自治州（德钦县、香格里拉市）	冬一	Ⅱ
	曲靖（宣威市、会泽县）、丽江（玉龙县、宁蒗县）、昭通市（昭阳区、大关县、威信县、彝良县、镇雄县、鲁甸县），迪庆（维西县）、怒江（兰坪县）、大理自治州（剑川县）	准一	
西藏	拉萨（当雄县除外）、日喀则（拉孜县）、山南（浪卡子县、错那县、隆子县除外）、昌都（芒康县、左贡县、类乌齐县、丁青县、洛隆县除外）、林芝市	冬一	Ⅰ
	山南（隆子县）、日喀则市（定日县、聂拉木县、亚东县、拉孜县除外）	冬一	Ⅱ
	昌都市（洛隆县）	冬二	Ⅰ
	昌都（芒康县、左贡县、类乌齐县、丁青县）、山南（浪卡子县）、日喀则市（定日县、聂拉木县），阿里地区（普兰县）	冬二	Ⅱ
	拉萨（当雄县）、山南（错那县）、日喀则市（亚东县），那曲（安多县除外）、阿里地区（普兰县除外）	冬三	
	那曲地区（安多县）	冬四	
陕西	西安、宝鸡、渭南、咸阳（彬县、旬邑县、长武县除外）、汉中（留坝县、佛坪县）、铜川市（耀州区）、杨凌区	冬一	Ⅰ
	铜川（印台区、王益区）、咸阳市（彬县、旬邑县、长武县）	冬一	Ⅱ
	延安（吴起县除外）、榆林（清涧县）、铜川市（宜君县）	冬二	Ⅱ
	延安（吴起县）、榆林市（清涧县除外）	冬三	
	商洛、安康、汉中市（留坝县、佛坪县除外）	准二	
甘肃	陇南市（两当县、徽县）	冬一	Ⅱ
	兰州、天水、白银（会宁县、靖远县）、定西、平凉、庆阳、陇南市（西和县、礼县、宕昌县），临夏、甘南自治州（舟曲县）	冬二	Ⅱ
	嘉峪关、金昌、白银（白银区、平川区、景泰县）、酒泉、张掖、武威市，甘南自治州（舟曲县除外）	冬三	
	陇南市（武都区、文县）	准一	
	陇南市（成县、康县）	准二	
青海	海东市（民和县）	冬二	Ⅱ
	西宁、海东（民和县除外），黄南（泽库县除外）、海南、果洛（班玛县、达日县、久治县）、玉树（囊谦县、杂多县、称多县、玉树市）、海西自治州（德令哈市、格尔木市、都兰县、乌兰县）	冬三	
	海北（野牛沟、托勒除外）、黄南（泽库县）、果洛（玛沁县、甘德县、玛多县）、玉树（曲麻莱县、治多县）、海西自治州（冷湖、茫崖、大柴旦、天峻县）	冬四	
	海北（野牛沟、托勒）、玉树（清水河）、海西自治州（唐古拉山区）	冬五	
宁夏	全境	冬二	Ⅱ

续上表

省份	地区、市、自治州、盟(县)	气温区	
新疆	阿拉尔、哈密市(哈密市泌城镇),喀什(喀什市、伽师县、巴楚县、英吉沙县、麦盖提县、莎车县、叶城县、泽普县)、阿克苏(沙雅县、阿瓦提县)、和田地区,伊犁(伊宁市、新源县、霍城县霍尔果斯镇)、巴音郭楞(库尔勒市、若羌县、且末县、尉犁县铁干里可)、克孜勒苏自治州(阿图什市、阿克陶县)	冬二	Ⅰ
	喀什地区(岳普湖县)		Ⅱ
	乌鲁木齐市(牧业气象试验站、达坂城区、乌鲁木齐县小渠子乡)、吐鲁番、哈密市(十三间房、红柳河、伊吾县淖毛湖),塔城(乌苏市、沙湾县、额敏县除外)、阿克苏(沙雅县、阿瓦提县除外)、喀什地区(塔什库尔干县),克孜勒苏(乌恰县、阿合奇县)、巴音郭楞(和静县、焉耆县、和硕县、轮台县、尉犁县、且末县塔中)、伊犁自治州(伊宁市、霍城县、察布查尔县、尼勒克县、巩留县、昭苏县、特克斯县)	冬三	
	乌鲁木齐(冬三区以外各地)、哈密市(巴里坤县),塔城(额敏县、乌苏市)、阿勒泰(阿勒泰市、哈巴河县、吉木乃县)、昌吉(昌吉市、木垒县、奇台县北塔山镇、阜康市天池)、博尔塔拉(温泉县、精河县、阿拉山口口岸)、克孜勒苏自治州(乌恰县吐尔尕特口岸)	冬四	
	克拉玛依、石河子市,塔城(沙湾县)、阿勒泰地区(布尔津县、福海县、富蕴县、青河县),博尔塔拉(博乐市)、昌吉(阜康市、玛纳斯县、呼图壁县、吉木萨尔县、奇台县)、巴音郭楞自治州(和静县巴音布鲁克乡)	冬五	

注:为避免烦冗,各民族自治州名称予以简化,如青海省的“海西蒙古族藏族自治州”简化为“海西自治州”。

附录E　全国雨季施工雨量区及雨季期划分表

省份	地区、市、自治州、盟(县)	雨量区	雨季期(月数)
北京	全境	Ⅱ	2
天津	全境	Ⅰ	2
河北	张家口、承德市(围场县)	Ⅰ	1.5
	承德(围场县除外)、保定、沧州、石家庄、廊坊、邢台、衡水、邯郸、唐山、秦皇岛市	Ⅱ	2
山西	全境	Ⅰ	1.5
内蒙古	呼和浩特、通辽、呼伦贝尔(海拉尔区、满洲里市、陈巴尔虎旗、鄂温克旗)、鄂尔多斯(东胜区、准格尔旗、伊金霍洛旗、达拉特旗、乌审旗)、赤峰、包头、乌兰察布市(集宁区、化德县、商都县、兴和县、四子王旗、察哈尔右翼中旗、察哈尔右翼后旗、卓资县及以南)、锡林郭勒盟(锡林浩特市、多伦县、太仆寺旗、西乌珠穆沁旗、正蓝旗、正镶白旗)	Ⅰ	1
	呼伦贝尔市(牙克石市、额尔古纳市、鄂伦春旗、扎兰屯市及以东),兴安盟		2
辽宁	大连(长海县、瓦房店市、普兰店市、庄河市除外)、朝阳市(建平县)	Ⅰ	2
	沈阳(康平县)、大连(长海县)、锦州(北镇市除外)、营口(盖州市)、朝阳市(凌源市、建平县除外)		2.5
	沈阳(康平县、辽中区除外)、大连(瓦房店市)、鞍山(海城市、台安县、岫岩县除外)、锦州(北镇市)、阜新、朝阳(凌源市)、盘锦、葫芦岛(建昌县)、铁岭市		3
	抚顺(新宾县)、辽阳市		3.5
	沈阳(辽中区)、鞍山(海城市、台安县)、营口(盖州市除外)、葫芦岛市(兴城市)	Ⅱ	2.5
	大连(普兰店市)、葫芦岛市(兴城市、建昌县除外)		3
	大连(庄河市)、鞍山(岫岩县)、抚顺(新宾县除外)、丹东(凤城市、宽甸县除外)、本溪市		3.5
	丹东市(凤城市、宽甸县)		4
吉林	辽源、四平(双辽市)、白城、松原市	Ⅰ	2
	吉林、长春、四平(双辽市除外)、白山市,延边自治州	Ⅱ	2
	通化市		3
黑龙江	哈尔滨(市区、呼兰区、五常市、阿城区、双城区)、佳木斯(抚远市)、双鸭山(市区、集贤县除外)、齐齐哈尔(拜泉县、克东县除外)、黑河(五大连池市、嫩江县)、绥化(北林区、海伦市、望奎县、绥棱县、庆安县除外)、牡丹江、大庆、鸡西、七台河市,大兴安岭地区(呼玛县除外)	Ⅰ	2
	哈尔滨(市区、呼兰区、五常市、阿城区、双城区除外)、佳木斯(抚远县除外)、双鸭山(市区、集贤县)、齐齐哈尔(拜泉县、克东县)、黑河(五大连池市、嫩江县除外)、绥化(北林区、海伦市、望奎县、绥棱县、庆安县)、鹤岗、伊春市,大兴安岭地区(呼玛县)	Ⅱ	2

续上表

省份	地区、市、自治州、盟(县)	雨量区	雨季期(月数)
上海	全境	Ⅱ	4
江苏	徐州、连云港市	Ⅱ	2
	盐城市		3
	南京、镇江、淮安、南通、宿迁、扬州、常州、泰州市		4
	无锡、苏州市		4.5
浙江	舟山市	Ⅱ	4
	嘉兴、湖州市		4.5
	宁波、绍兴市		6
	杭州、金华、温州、衢州、台州、丽水市		7
安徽	亳州、淮北、宿州、蚌埠、淮南、六安、合肥市	Ⅱ	1
	阜阳市		2
	滁州、马鞍山、芜湖、铜陵、宣城市		3
	池州市		4
	安庆、黄山市		5
福建	泉州市(惠安县崇武)	Ⅰ	4
	福州(平潭县)、泉州(晋江市)、厦门(同安区除外)、漳州市(东山县)	Ⅱ	5
	三明(永安市)、福州(市区、长乐市)、莆田市(仙游县除外)		6
	南平(顺昌县除外)、宁德(福鼎市、霞浦县)、三明(永安市、尤溪县、大田县除外)、福州(市区、长乐市、平潭县除外)、龙岩(长汀县、连城县)、泉州(晋江市、惠安县崇武、德化县除外)、莆田(仙游县)、厦门(同安区)、漳州市(东山县除外)		7
	南平(顺昌县)、宁德(福鼎市、霞浦县除外)、三明(尤溪县、大田县)、龙岩(长汀县、连城县除外)、泉州市(德化县)		8
江西	南昌、九江、吉安市	Ⅱ	6
	萍乡、景德镇、新余、鹰潭、上饶、抚州、宜春、赣州市		7
山东	济南、潍坊、聊城市	Ⅰ	3
	淄博、东营、烟台、济宁、威海、德州、滨州市		4
	枣庄、泰安、莱芜、临沂、菏泽市		5
	青岛市	Ⅱ	3
	日照市		4
河南	郑州、许昌、洛阳、济源、新乡、焦作、三门峡、开封、濮阳、鹤壁市	Ⅰ	2
	周口、驻马店、漯河、平顶山、安阳、商丘市		3
	南阳市		4
	信阳市	Ⅱ	2

续上表

省份	地区、市、自治州、盟(县)	雨量区	雨季期(月数)
湖北	十堰、襄阳、随州市,神农架林区	Ⅰ	3
	宜昌(秭归县、远安县、兴山县),荆门市(钟祥市、京山县)	Ⅱ	2
	武汉、黄石、荆州、孝感、黄冈、咸宁、荆门(钟祥市、京山县除外)、天门、潜江、仙桃、鄂州、宜昌市(秭归县、远安县、兴山县除外),恩施自治州		6
湖南	全境	Ⅱ	6
广东	茂名、中山、汕头、潮州市	Ⅰ	5
	广州、江门、肇庆、顺德、湛江、东莞市		6
	珠海市	Ⅱ	5
	深圳、阳江、汕尾、佛山、河源、梅州、揭阳、惠州、云浮、韶关市		6
	清远市		7
广西	百色、河池、南宁、崇左市	Ⅱ	5
	桂林、玉林、梧州、北海、贵港、钦州、防城港、贺州、柳州、来宾市		6
海南	全境	Ⅱ	6
重庆	全境	Ⅱ	4
四川	阿坝(松潘县、小金县)、甘孜自治州(丹巴县、石渠县)	Ⅰ	1
	泸州市(古蔺县)、阿坝(阿坝县、若尔盖县)、甘孜自治州(道孚县、炉霍县、甘孜县、巴塘县、乡城县)		2
	德阳、乐山(峨边县)、雅安市(汉源县)、阿坝(壤塘县)、甘孜(泸定县、新龙县、德格县、白玉县、色达县、得荣县)、凉山自治州(美姑县)		3
	绵阳(江油市、安州区、北川县除外)、广元、遂宁、宜宾市(长宁县、珙县、兴文县除外),阿坝(黑水县、红原县、九寨沟县)、甘孜(九龙县、雅江县、理塘县)、凉山自治州(木里县、宁南县)		4
	南充(仪陇县除外)、广安(岳池县、武胜县、邻水县)、达州市(大竹县),阿坝(马尔康县)、甘孜(康定市)、凉山自治州(甘洛县)		5
	自贡(富顺县除外)、绵阳(北川县)、内江、资阳、雅安市(石棉县),甘孜(稻城县)、凉山自治州(盐源县、雷波县、金阳县)	Ⅱ	3
	成都、自贡(富顺县)、攀枝花、泸州(古蔺县除外)、绵阳(江油市、安州区)、眉山(洪雅县除外)、乐山(峨边县、峨眉山市、沐川县除外)、宜宾(长宁县、珙县、兴文县)、广安市(岳池县、武胜县、邻水县除外),凉山自治州(西昌市、德昌县、会理县、会东县、喜德县、冕宁县)		4
	眉山(洪雅县)、乐山(峨眉山市、沐川县)、雅安(汉源县、石棉县除外)、南充(仪陇县)、巴中、达州市(大竹县、宣汉县除外),凉山自治州(昭觉县、布拖县、越西县)		5
	达州市(宣汉县),凉山自治州(普格县)		6
贵州	贵阳、遵义、毕节市	Ⅱ	4
	安顺、铜仁、六盘水市,黔东南自治州		5
	黔西南自治州		6
	黔南自治州		7

续上表

省份	地区、市、自治州、盟(县)	雨量区	雨季期(月数)
云南	昆明(市区、嵩明县除外)、玉溪、曲靖(富源县、师宗县、罗平县除外)、丽江(宁蒗县、永胜县)、普洱市(墨江县)、昭通市,怒江(兰坪县、泸水市六库镇)、大理(大理市、漾濞县除外)、红河(个旧市、开远市、蒙自市、红河县、石屏县、建水县、弥勒市、泸西县)、迪庆、楚雄自治州	Ⅰ	5
	保山(腾冲市、龙陵县除外)、临沧市(凤庆县、云县、永德县、镇康县),怒江(福贡县、泸水市)、红河自治州(元阳县)		6
	昆明(市区、嵩明县)、曲靖(富源县、师宗县、罗平县)、丽江(古城区、华坪县)、普洱市(思茅区、景东县、镇沅县、宁洱县、景谷县),大理(大理市、漾濞县)、文山自治州	Ⅱ	5
	保山(腾冲市、龙陵县)、临沧(临翔区、双江县、耿马县、沧源县)、普洱市(西盟县、澜沧县、孟连县、江城县),怒江(贡山县)、德宏、红河(绿春县、金平县、屏边县、河口县)、西双版纳自治州		6
西藏	山南(加查县除外)、日喀则市(定日县),那曲(索县除外)、阿里地区	Ⅰ	1
	拉萨、昌都(类乌齐县、丁青县、芒康县除外)、日喀则(拉孜县)、林芝市(察隅县),那曲地区(索县)		2
	昌都(类乌齐县)、林芝市(米林县)		3
	昌都(丁青县)、林芝市(米林县、波密县、察隅县除外)		4
	林芝市(波密县)		5
	昌都(芒康县)、山南(加查县)、日喀则市(定日县、拉孜县除外)	Ⅱ	2
陕西	榆林、延安市	Ⅰ	1.5
	铜川、西安、宝鸡、咸阳、渭南市,杨凌区		2
	商洛、安康、汉中市		3
甘肃	天水(甘谷县、武山县)、陇南市(武都区、文县、礼县),临夏(康乐县、广河县、永靖县),甘南自治州(夏河县)	Ⅰ	1
	天水(北道区、秦城区)、定西(渭源县)、庆阳(华池县、环县)、陇南市(西和县),临夏(临夏市)、甘南自治州(临潭县、卓尼县)		1.5
	天水(秦安县)、定西(临洮县、岷县)、平凉(崆峒区)、庆阳(庆城县)、陇南市(宕昌县),临夏(临夏县、东乡县、积石山县)、甘南自治州(合作市)		2
	天水(张家川县)、平凉(静宁县、庄浪县)、庆阳(镇原县)、陇南市(两当县),临夏(和政县)、甘南自治州(玛曲县)		2.5
	天水(清水县)、平凉(泾川县、灵台县、华亭县、崇信县)、庆阳(西峰区、合水县、正宁县、宁县)、陇南市(徽县、成县、康县),甘南自治州(碌曲县、迭部县)		3
青海	西宁(湟源县)、海东市(平安区、乐都区、民和县、化隆县),海北(海晏县、祁连县、刚察县、托勒)、海南(同德县、贵南县)、黄南(泽库县、同仁县)、海西自治州(天峻县)	Ⅰ	1
	西宁(湟源县除外)、海东市(互助县),海北(门源县)、果洛(达日县、久治县、班玛县)、玉树自治州(称多县、杂多县、囊谦县、玉树市),河南自治县		1.5

续上表

省份	地区、市、自治州、盟(县)	雨量区	雨季期(月数)
宁夏	固原地区(隆德县、泾源县)	Ⅰ	2
新疆	乌鲁木齐市(小渠子乡、牧业气象试验站、大西沟乡),昌吉(阜康市天池),克孜勒苏(吐尔尕特、托云、巴音库鲁提)、伊犁自治州(昭苏县、霍城县二台、松树头)	Ⅰ	1
香港	(资料暂缺)		
澳门			
台湾			

注:1. 表中未列的地区除西藏林芝市墨脱县因无资料未划分外,其余地区均因降雨天数或平均日降雨量未达到计算雨季施工增加费的标准,故未划分雨量区及雨季期。

2. 行政区划依据资料及自治州、市的名称列法同冬季施工气温区划分说明。

附录F　全国风沙地区公路施工区划分表

区划	沙漠(地)名称	地理位置	自然特征
风沙一区	呼伦贝尔沙地、嫩江沙地	呼伦贝尔沙地位于内蒙古呼伦贝尔平原,嫩江沙地位于东北平原西北部嫩江下游	属半干旱、半湿润严寒区,年降水量280~400mm,年蒸发量1400~1900mm,干燥度1.2~1.5
	科尔沁沙地	散布于东北平原西辽河中、下游主干及支流沿岸的冲积平原上	属半湿润温冷区,年降水量300~450mm,年蒸发量1700~2400mm,干燥度1.2~2.0
	浑善达克沙地	位于内蒙古锡林郭勒盟南部和赤峰市西北部	属半湿润温冷区,年降水量100~400mm,年蒸发量2200~2700mm,干燥度1.2~2.0,年平均风速3.5~5m/s,年大风天数50~80d
	毛乌素沙地	位于内蒙古鄂尔多斯中南部和陕西北部	属半干旱温热区,年降水量东部400~440mm,西部仅250~320mm,年蒸发量2100~2600mm,干燥度1.6~2.0
	库布齐沙漠	位于内蒙古鄂尔多斯北部,黄河河套平原以南	属半干旱温热区,年降水量150~400mm,年蒸发量2100~2700mm,干燥度2.0~4.0,年平均风速3~4m/s
风沙二区	乌兰布和沙漠	位于内蒙古阿拉善东北部,黄河河套平原西南部	属干旱温热区,年降水量100~145mm,年蒸发量2400~2900mm,干燥度8.0~16.0,地下水相当丰富,埋深一般为1.5~3m
	腾格里沙漠	位于内蒙古阿拉善东南部及甘肃武威部分地区	属干旱温热区,沙丘、湖盆、山地、残丘及平原交错分布,年降水量116~148mm,年蒸发量3000~3600mm,干燥度4.0~12.0
	巴丹吉林沙漠	位于内蒙古阿拉善西南边缘及甘肃酒泉部分地区	属干旱温热区,沙山高大密集,形态复杂,起伏悬殊,一般高200~300m,最高可达420m,年降水量40~80mm,年蒸发量1720~3320mm,干燥度7.0~16.0
	柴达木沙漠	位于青海柴达木盆地	属极干旱寒冷区,风蚀地、沙丘、戈壁、盐湖和盐土平原相互交错分布,盆地东部年均气温2~4℃,西部为1.5~2.5℃,年降水量东部为50~170mm,西部为10~25mm,年蒸发量2500~3000mm,干燥度16.0~32.0
	古尔班通古特沙漠	位于新疆北部准噶尔盆地	属干旱温冷区,其中固定、半固定沙丘面积占沙漠面积的97%,年降水量70~150mm,年蒸发量1700~2200mm,干燥度2.0~10.0
风沙三区	塔克拉玛干沙漠	位于新疆南部塔里木盆地	属极干旱炎热区,年降水量东部20mm左右,南部30mm左右,西部40mm左右,北部50mm以上,年蒸发量在1500~3700mm,中部达高限,干燥度>32.0
	库姆达格沙漠	位于新疆东部、甘肃西部,罗布泊低地南部和阿尔金山北部	属极干旱炎热区,全部为流动沙丘,风蚀严重,年降水量10~20mm,年蒸发量2800~3000mm,干燥度>32.0,年8级以上大风天数在100d以上

附录G　涉水项目施工期通航安全保障费用计算方法

G.1　一般规定

G.1.1　为适应公路工程涉水项目施工期通航安全保障工作的需要,合理确定公路工程涉水项目施工期通航安全保障费用,规范施工期通航安全保障费用计算方法,编制本计算方法。

G.1.2　本计算方法适用于沿海水域、航道等级Ⅲ级及以上的内河水域需要开展通航安全保障工作的公路工程涉水项目设计概算、施工图预算的编制和管理。

G.1.3　需要开展通航安全保障工作的公路工程涉水项目,应根据该项目的通航环境、施工组织等进行专项设计,确定施工期通航安全保障的工作内容,按本计算方法规定计算各项费用。

G.1.4　通航安全保障费用由临时设施设备费、现场保障费、管理经费、税金组成,费用组成如图G.1.4所示。

- 通航安全保障费
  - 临时设施设备费
    - 临时设施费
    - 临时设备费
  - 现场保障费
    - 航行保障费
    - 施工保障费
  - 管理经费
  - 税金

图G.1.4　通航安全保障费用组成图

G.2　临时设施设备费

G.2.1　临时设施设备费由临时设施费和临时设备费组成。

G.2.2　临时设施费指为实施通航安全保障工作而需使用的办公及生活临时建筑物、通航保障船艇临时靠泊设施所发生的费用等。临时设施费按摊销和周转考虑。

G.2.3 临时设备费指因工程建设,导致船舶航路、航法或交通管理系统改变,为引导船舶安全航行而需要新建或改建导、助航设备所需的费用,内容包括:

1 导助航设备(如 AIS 基站、雷达应答器、航标等)的新建或改建所需的设备购置与安装费、租赁费、施工期维护费等。

2 交管专台设备的建立或完善所需的设备购置与安装费、租赁费、施工期维护费等。

G.2.4 通航安全保障费不包括因工程建设影响船舶航行而设置临时航道所发生的疏浚、扫测与制图等有关费用,需要时另行计算。临时设备费根据专项设计,按相关行业概算、预算编制规定以及配套定额计算各项费用。

G.3 现场保障费

G.3.1 现场保障费由航行保障费和施工保障费组成。

G.3.2 航行保障费指因项目施工影响了过往船舶通航秩序时,采用巡航、值守等方式,对施工水域水上通航秩序进行管理及利用交管专台进行监控而发生的船艇及人员费用。巡航指以动态巡查的方式对受影响水域实施警戒、疏导与管理,以及在接到现场应急处置需求时,巡航船艇从停泊点驶往现场等工作。值守指以静态值守的方式对受影响水域实施警戒、疏导与管理。航行保障费的计算公式见式(G.3.2)。

$$F_n = D \cdot [N_s \cdot (P_t \cdot A_t + P_s \cdot A_s) + N_m \cdot A_m] \tag{G.3.2}$$

式中:F_n——航行保障费(元);

D——航行保障工作天数(d),指在船舶可航行水域施工开始至结束的总天数;

N_s——保障船艇数量(艘),具体计取方法根据专项设计确定,可参考表 G.3.2-1;

表 G.3.2-1 保障船艇数量计取方法

项目轴线跨越船舶航行水域长度 L (km)	$L \leqslant 0.5$	$0.5 < L \leqslant 1$	$1 < L \leqslant 10$	$L > 10$
保障船艇数量 N_s	1	2	3	$N_s = [3 + (L-10)/5]$(向上取整)

P_t——巡航日艘班数,按 0.25 艘班/d 计;

A_t——船艇巡航艘班单价(元),按现行《公路工程机械台班费用定额》(JTG/T 3833)相同或相近主机功率的拖轮台班单价计算,即船艇巡航艘班单价 = 不变费用 + 可变费用(人工费、燃料费、淡水费)。保障船艇类型根据专项设计确定,可参照表 G.3.2-2 中水域范围对应;保障船艇主机功率可参照表 G.3.2-2中保障船艇类型确定;

表 G.3.2-2 保障船艇规格确定方法

水域范围	保障船艇	
	类型	主机总功率(kW)
沿海航区	沿海(40m 级)	2700
遮蔽航区	沿海(30m 级)	2200
主要指内河 A 级航区	内河(30m 级)	750
主要指内河 B 级航区	内河(20 m 级)	400
主要指内河 C 级航区	内河(15 m 级)	130

P_s——值守日艘班数,按 2.75 艘班/d 计;

A_s——船艇值守艘班单价(元),按巡航艘班可变费用中的人工费、10% 燃料费及淡水费计算,即船艇值守艘班单价 = 人工费 + 10% 燃料费 + 淡水费;

N_m——航行保障单日工作人员总数,为保障船艇单日工作人员和交管专台单日工作人员数量之和(人),根据专项设计确定。保障船艇单日工作人员可按每艘船每日 6 人计;交管专台单日工作人员可按每专台每日 6 人计;

A_m——航行保障工作人员人工单价(元),按现行《公路工程机械台班费用定额》(JTG/T 3833)中的船舶人工工日单价计算。

G.3.3 施工保障费指大型构件运输和安装等高风险施工作业过程中,对外部通航环境要求较高时,为防止外部因素对施工作业造成不利影响,需要专门投入船艇和设施设备进行现场警戒所发生的费用。如禁航区、封航、警戒等需要发生的导助航设施、船艇及人员等费用。施工保障工作内容由专项设计确定,施工保障费根据施工保障工作内容,按相关行业概算、预算编制规定以及配套定额计算各项费用。船艇巡航与值守艘班单价、施工保障工作人员人工单价按航行保障费计算方法计算。

G.4 管理经费

G.4.1 管理经费指通航安全保障实施单位为管理和组织保障工作所需的费用,包括办公费、会议费、差旅交通费、固定资产使用费、工具用具使用费、宣传宣贯费、审计费、调研和咨询费、保障方案编制费、管理人员工资以及其他管理性开支等。管理经费以临时设施设备费、现场保障费之和为基数,费率按 5% 计算。

G.5 税金

G.5.1 按国家税法规定计算相关税金。

G.6 通航安全保障费用计算方式

G.6.1 通航安全保障费用计算方式见表 G.6.1。

表 G.6.1 通航安全保障费用计算表

序号	项　目	说明及计算式
(一)	临时设施设备费	
	临时设施费	按本附录规定计算
	临时设备费	按本附录规定计算
(二)	现场保障费	
	航行保障费	按本附录规定计算
	施工保障费	按本附录规定计算
(三)	管理经费	[(一)+(二)]×5%
(四)	税金	按国家税法规定计算相关税金
(五)	通航安全保障费	(一)+(二)+(三)+(四)

本办法用词说明

1　本办法执行严格程度的用词，采用下列写法：

1)表示很严格，非这样做不可的用词，正面词采用“必须”反面词采用“严禁”。

2)表示严格，在正常情况下均应这样做的用词，正面词采用“应”，反面词采用“不应”或“不得”。

3)表示允许稍有选择，在条件许可时首先应这样做的用词，正面词采“宜”，反面词采用“不宜”。

4)表示有选择，在一定条件下可以这样做的用词，采用“可”。

附件

《公路工程建设项目概算预算编制办法》

（JTG 3830—2018）

条 文 说 明

1 总则

1.0.6 当一个建设项目由几个设计(咨询)单位共同承担设计时,各设计(咨询)单位应对自己编制的概(预)算的质量负责。公路工程项目的设计概算或施工图预算造价文件分多段编制时,按累进制计算的工程建设其他费应以各段合计的定额建筑安装工程费为基数进行计算。

3 概算预算费用标准和计算方法

3.1 建筑安装工程费

定额建筑安装工程费是取费基数,包括定额直接费、定额设备购置费的40%、措施费、企业管理费、规费、利润、税金和专项费用。

定额直接费是定额人工费、定额材料费、定额施工机械使用费之和,按工程量乘以现行《公路工程概算定额》(JTG/T 3831)或《公路工程预算定额》(JTG/T 3832—2018)附录四中的基价进行计算。

定额人工费是指按《公路工程预算定额》(JTG/T 3832—2018)附录四"定额人工、材料、设备单价表"和现行《公路工程机械台班费用定额》(JTG/T 3833)规定的人工工日基价计算的费用,即定额中人工消耗量乘以人工工日基价计算的费用。

定额材料费是指按《公路工程预算定额》(JTG/T 3832—2018)附录四"定额人工、材料、设备单价表"中规定的材料基价计算的费用,即定额中材料消耗量乘以材料基价计算的费用。

定额施工机械使用费是指按现行《公路工程机械台班费用定额》(JTG/T 3833)中规定的施工机械台班基价计算的费用,即定额中施工机械消耗量乘以施工机械台班基价计算的费用。

定额设备购置费均按《公路工程预算定额》(JTG/T 3832—2018)附录四"定额人工、材料、设备单价表"中规定的设备基价计算的费用,即设备数量乘以设备基价计算的费用。

3.1.2 人工费、材料费相关说明如下:

(1)公路概(预)算定额人工为综合工日单价,不区分工种,即公路建设所有用工(例如小工、混凝土工、钢筋工、木工、起重工、张拉工、隧道掌子面开挖工、交通工程安装工、施工机械工等)都采用同一综合工日单价。

(2)综合工日单价已包括由个人交纳的社会保险费中的养老保险费、失业保险费、医疗保险费(生育保险除外)和住房公积金。

(3)综合工日单价不同于公路建设人工劳务市场价,其主要区别在于:

①工作时间不同。综合工日单价通常按每天工作8h,隧道按每天工作7h,潜水工按每天工作6h考虑;公路建设市场劳务用工每天工作时间普遍与综合工日有差异。

②企业应支出的"四险一金"不同。编制公路工程概(预)算时,由企业支付的社会保

险费和住房公积金需单独计算，而公路建设人工劳务市场价一般已包含上述费用。

③其他费用计算不同。公路工程概（预）算的工人的冬、雨、夜施工的补助，工地转移、取暖补贴、主副食补贴、探亲路费等单独计算，而公路建设人工劳务市场价不再单独计算。

3.1.4 工程类别划分说明如下：

1 计算建筑安装工程费时，按工程类别计取措施费和企业管理费。

4 路面所有结构层工程包括隧道路面、桥面铺装工程。

5 隧道土建工程不含隧道的钢材及钢结构。

6 构造物Ⅰ中特殊路基处理不包含土石方和换填工程；安全设施不包括金属标志牌、防撞钢护栏、防眩板（网）、隔离栅、防护网等钢结构工程；机电工程不包括设备安装工程。

7 构造物Ⅱ中特大桥工程不包括技术复杂大桥工程。

10 所有工程指路基、路面、桥梁、涵洞、隧道、交通工程及沿线设施等。钢材及钢结构含钢筋及预应力钢材，钢沉井、钢围堰、钢套箱及钢护筒等基础工程，钢构件[含钢索塔、钢管拱、钢锚箱、钢锚梁、钢箱（桁）梁、索鞍、斜拉索、索股、索夹、吊杆、系杆]等安装工程，伸缩缝，支座，路基和隧道工程的锚杆、隧道管棚及钢支撑、金属标志牌、防撞钢护栏、防眩板（网）、隔离栅、防护网等。

3.1.6 措施费相关说明如下：

1 冬季施工增加费

冬季气温区的划分，根据气象部门提供的满15年的气温资料确定的。从每年秋冬第一次连续5d出现室外日平均温度在5℃以下、日最低温度在－3℃以下的第一天算起，至第二年春夏最后一次连续5d出现同样温度的最末一天为冬季期。冬季期内平均气温在－1℃以上者为冬一区，－1～－4℃者为冬二区，－4～－7℃者为冬三区，－7～－10℃者为冬四区，－10～－14℃者为冬五区，－14℃以下者为冬六区。冬一区内平均气温低于0℃的连续天数在70d以内的为Ⅰ副区，70d以上的为Ⅱ副区；冬二区内平均气温低于0℃的连续天数在100d以内的为Ⅰ副区，100d以上的为Ⅱ副区。气温高于冬一区，但砖石混凝土工程施工需采取一定措施的地区为准冬季区。准冬季区分两个副区，简称准一区和准二区。凡一年内日最低气温在0℃以下的天数多于20d的，日平均气温在0℃以下的天数少于15d的为准一区，多于15d的为准二区。若当地气温资料与本办法附录D中划定的冬季气温区划分有较大出入时，可按当地气温资料及上述划分标准确定工程所在地的冬季气温区。

2 雨季施工增加费

雨量区和雨季期的划分，根据气象部门提供的满15年的降雨资料确定。凡月平均降雨天数在10d以上，月平均日降雨量在3.5～5mm之间者为Ⅰ区，月平均日降雨量在5mm以上者为Ⅱ区。若当地气象资料与本办法附录E所划定的雨量区及雨季期出入较大时，可按当地气象资料及上述划分标准确定工程所在地的雨量区及雨季期。

4 特殊地区施工增加费

风沙地区施工增加费中风沙地区的划分,根据《公路自然区划标准》(JTJ 003—86)、"沙漠地区公路建设成套技术研究报告"的公路自然区划和沙漠公路区划,结合风沙地区的气候状况将风沙地区分为三区九类:半干旱、半湿润沙地为风沙一区,干旱、极干旱寒冷沙漠地区为风沙二区,极干旱炎热沙漠地区为风沙三区;根据覆盖度(沙漠中植被、戈壁等覆盖程度)又将每区分为固定沙漠(覆盖度 >50%)、半固定沙漠(覆盖度 10% ~ 50%)、流动沙漠(覆盖度 <10%)三类,覆盖度由工程勘察设计人员在公路工程勘察设计时确定。

3.1.8 规费

1 工伤保险费包括流动作业人员的工伤强制险。

3.1.11 专项费用

1 编制概算、预算时,施工场地建设费和安全生产费单独计列,分项工程费中不再计取。

2 施工场地建设费说明如下:

(1)山岭重丘区的土石方工程需要单独计算。

(2)施工场地内的场地硬化、各种临时便道已含在费率中,不单独计算。

(3)施工场地的厂房、加工棚等已含在费率中,不单独计算。

3.2 土地使用及拆迁补偿费

3.2.5 水土保持补偿指根据《中华人民共和国水土保持法》《财政部、国家发展改革委、水利部、中国人民银行关于印发〈水土保持补偿费征收使用管理办法〉的通知》等相关法律、法规的规定征收的水土保持补偿费。

3.3 工程建设其他费

3.3.1 本办法中的建设单位(业主)管理费、建设项目信息化费、工程监理费、设计文件审查费、竣(交)工验收试验检测费、建设项目前期工作费等的费率仅作为确定建设项目概算预算的依据,不作为项目实际支出的依据。

3.3.2 建设项目管理费相关说明如下:

1 建设单位(业主)管理费不包括应计入材料与设备预算价格的建设单位采购及保管材料与设备所需的费用。

1)代建费用在建设单位(业主)管理费中开支;审计费为建设单位(业主)内部审计所

发生的费用，施工单位所发生的审计费在建安费的企业管理费中；

3)“双洞长度超过5000m的独立隧道，水深大于15m、跨径大于或等于400m的斜拉桥和跨径大于或等于800m的悬索桥等独立特大型桥梁工程”中的“独立隧道”和“独立特大型桥梁工程”是指按基本建设程序单独立项的项目，不包括路线项目中的隧道和桥梁。

3　工程监理费相关说明如下：

1)工程监理包括公路建设过程中的土建、机电、环保、水保、房建等所有监理内容。建设单位若委托有资质的单位承担试验检测、计量支付费用监理等，其费用应由工程监理费中支列。

3.3.4　建设项目前期工作费相关说明如下：

1)勘察包括测量、水文气象调查、工程地质勘探、室内试验等内容。

3.3.8　工程保通管理费仅为保通管理方面的费用，其他保通措施需要根据保通工程方案另行计算，例如保通便道、保通安全设施则需要根据设计方案单独计算。

3.3.9　工程保险费指工地范围内发生的保险，材料和设备运输保险不在其中，施工企业的办公、生活、施工机械、员工的人身意外险在企业管理费中支出。设备的保险在设备单价中计列。

现行公路工程行业标准一览表

（2022 年 9 月）

序号	板块	模块	现行编号	名称	定价（元）
1	总体		JTG 1001—2017	公路工程标准体系（14300）	20.00
2			JTG 1002—2022	公路工程行业标准制修订管理导则（18218）	40.00
3			JTG A04—2013	公路工程标准编写导则（10538）	20.00
4	通用	基础	JTG B01—2014	公路工程技术标准（活页夹版，11814）	98.00
				公路工程技术标准（平装版，11829）	68.00
5			JTG 2111—2019	小交通量农村公路工程技术标准（15327）	50.00
6			JTG 2112—2021	城镇化地区公路工程技术标准（17752）	50.00
7			JTJ 002—87	公路工程名词术语（0346）	22.00
8			JTJ 003—86	公路自然区划标准（0348）	16.00
9			JTG 2120—2020	公路工程结构可靠性设计统一标准（16532）	50.00
10			建标〔2011〕124 号	公路工程项目建设用地指标（09402）	36.00
11			JTG F80/1—2017	公路工程质量检验评定标准　第一册　土建工程（14472）	90.00
12			JTG 2182—2020	公路工程质量检验评定标准　第二册　机电工程（16987）	60.00
13		安全	JTG B05—2015	公路项目安全性评价规范（12806）	45.00
14			JTG B05-01—2013	公路护栏安全性能评价标准（10992）	30.00
15			JTG B02—2013	公路工程抗震规范（11120）	45.00
16			JTG/T 2231-01—2020	公路桥梁抗震设计规范（16483）	80.00
17			JTG/T 2231-02—2021	公路桥梁抗震性能评价细则（16433）	40.00
18			JTG 2232—2019	公路隧道抗震设计规范（16131）	60.00
19			JTG F90—2015	公路工程施工安全技术规范（12138）	68.00
20		绿色	JTG B03—2006	公路建设项目环境影响评价规范（13373）	40.00
21			JTG B04—2010	公路环境保护设计规范（08473）	28.00
22			JTG/T 2321—2021	公路工程利用建筑垃圾技术规范（17536）	40.00
23			JTG/T 2340—2020	公路工程节能规范（16115）	30.00
24		智慧	JTG/T 2420—2021	公路工程信息模型应用统一标准（17181）	50.00
25			JTG/T 2421—2021	公路工程设计信息模型应用标准（17179）	80.00
26			JTG/T 2422—2021	公路工程施工信息模型应用标准（17180）	70.00
27	建设	勘测	JTG C10—2007	公路勘测规范（06570）	40.00
28			JTG/T C10—2007	公路勘测细则（06572）	42.00
29			JTG C20—2011	公路工程地质勘察规范（09507）	65.00
30			JTG/T C21-01—2005	公路工程地质遥感勘察规范（0839）	17.00
31			JTG/T C21-02—2014	公路工程卫星图像测绘技术规程（11540）	25.00
32			JTG/T 3221-04—2022	公路跨海通道工程地质勘察规程（18076）	70.00
33			JTG/T 3222—2020	公路工程物探规程（16831）	60.00
34			JTG 3223—2021	公路工程地质原位测试规程（17325）	100.00
35		设计	JTG C30—2015	公路工程水文勘测设计规范（12063）	70.00
36			JTG/T 3310—2019	公路工程混凝土结构耐久性设计规范（15635）	50.00
37			JTG/T 3311—2021	小交通量农村公路工程设计规范（17487）	60.00
38			JTG D20—2017	公路路线设计规范（14301）	80.00
39			JTG/T D21—2014	公路立体交叉设计细则（11761）	60.00
40			JTG D30—2015	公路路基设计规范（12147）	98.00
41			JTG/T D31—2008	沙漠地区公路设计与施工指南（1206）	32.00
42			JTG/T D31-02—2013	公路软土地基路堤设计与施工技术细则（10449）	40.00
43			JTG/T D31-03—2011	采空区公路设计与施工技术细则（09181）	40.00
44			JTG/T D31-04—2012	多年冻土地区公路设计与施工技术细则（10260）	40.00
45			JTG/T D31-05—2017	黄土地区公路路基设计与施工技术规范（13994）	50.00
46			JTG/T D31-06—2017	季节性冻土地区公路设计与施工技术规范（13981）	45.00
47			JTG/T D32—2012	公路土工合成材料应用技术规范（09908）	50.00
48			JTG/T D33—2012	公路排水设计规范（10337）	40.00
49			JTG/T 3334—2018	公路滑坡防治设计规范（15178）	55.00
50			JTG D40—2011	公路水泥混凝土路面设计规范（09463）	40.00
51			JTG D50—2017	公路沥青路面设计规范（13760）	50.00
52			JTG/T 3350-03—2020	排水沥青路面设计与施工技术规范（16651）	50.00
53			JTG D60—2015	公路桥涵设计通用规范（12506）	40.00
54			JTG/T 3360-01—2018	公路桥梁抗风设计规范（15231）	75.00
55			JTG/T 3360-02—2020	公路桥梁抗撞设计规范（16435）	40.00
56			JTG/T 3360-03—2018	公路桥梁景观设计规范（14540）	40.00
57			JTG D61—2005	公路圬工桥涵设计规范（13355）	30.00
58			JTG 3362—2018	公路钢筋混凝土及预应力混凝土桥涵设计规范（14951）	90.00
59			JTG 3363—2019	公路桥涵地基与基础设计规范（16223）	90.00
60			JTG D64—2015	公路钢结构桥梁设计规范（12507）	80.00
61			JTG/T D64-01—2015	公路钢混组合桥梁设计与施工规范（12682）	45.00
62			JTG/T 3364-02—2019	公路钢桥面铺装设计与施工技术规范（15637）	50.00
63			JTG/T 3365-01—2020	公路斜拉桥设计规范（16365）	50.00
64			JTG/T 3365-02—2020	公路涵洞设计规范（16583）	50.00
65			JTG/T D65-05—2015	公路悬索桥设计规范（12674）	55.00
66			JTG/T D65-06—2015	公路钢管混凝土拱桥设计规范（12514）	40.00
67			JTG/T 3365-05—2022	公路装配式混凝土桥梁设计规范（17885）	60.00
68			JTG 3370.1—2018	公路隧道设计规范　第一册　土建工程（14639）	110.00
69			JTG D70/2—2014	公路隧道设计规范　第二册　交通工程与附属设施（11543）	50.00

序号	板块	模块	现行编号	名称	定价(元)
70	建设	设计	JTG/T D70—2010	公路隧道设计细则(08478)	66.00
71			JTG/T D70/2-01—2014	公路隧道照明设计细则(11541)	35.00
72			JTG/T D70/2-02—2014	公路隧道通风设计细则(11546)	70.00
73			JTG/T 3371—2022	公路水下隧道设计规范(17889)	120.00
74			JTG/T 3371-01—2022	公路沉管隧道设计规范(18063)	70.00
75			JTG/T 3374—2020	公路瓦斯隧道设计与施工技术规范(16141)	60.00
76			JTG D80—2006	高速公路交通工程及沿线设施设计通用规范(0998)	25.00
77			JTG D81—2017	公路交通安全设施设计规范(14395)	60.00
78			JTG/T D81—2017	公路交通安全设施设计细则(14396)	90.00
79			JTG/T 3381-02—2020	公路限速标志设计规范(16696)	40.00
80			JTG D82—2009	公路交通标志和标线设置规范(07947)	116.00
81			JTG/T 3383-01—2020	公路通信及电力管道设计规范(16686)	40.00
82			JTG/T L11—2014	高速公路改扩建设计细则(11998)	45.00
83			JTG/T L80—2014	高速公路改扩建交通工程与沿线设施设计细则(11999)	30.00
84			JTG/T 3392—2022	高速公路改扩建交通组织设计规范(17883)	50.00
85		通用图	JTG/T 3911—2021	装配化工字组合梁钢桥通用图(17771)	3000.00
86		试验	JTG E20—2011	公路工程沥青及沥青混合料试验规程(09468)	106.00
87			JTG 3420—2020	公路工程水泥及水泥混凝土试验规程(16989)	100.00
88			JTG 3430—2020	公路土工试验规程(16828)	120.00
89			JTG E41—2005	公路工程岩石试验规程(13351)	30.00
90			JTG E42—2005	公路工程集料试验规程(13353)	50.00
91			JTG E50—2006	公路工程土工合成材料试验规程(13398)	40.00
92			JTG E51—2009	公路工程无机结合料稳定材料试验规程(08046)	60.00
93			JTG 3450—2019	公路路基路面现场测试规程(15830)	90.00
94		检测	JTG/T 3512—2020	公路工程基桩检测技术规程(16482)	60.00
95			JTG/T 3520—2021	公路机电工程测试规程(17414)	60.00
96		施工	JTG/T 3610—2019	公路路基施工技术规范(15769)	80.00
97			JTG/T F20—2015	公路路面基层施工技术细则(12367)	45.00
98			JTG/T F30—2014	公路水泥混凝土路面施工技术细则(11244)	60.00
99			JTG F40—2004	公路沥青路面施工技术规范(05328)	50.00
100			JTG/T 3650—2020	公路桥涵施工技术规范(16434)	125.00
101			JTG/T 3650-02—2019	特大跨径公路桥梁施工测量规范(15634)	80.00
102			JTG/T 3651—2022	公路钢结构桥梁制造和安装施工规范(17884)	80.00
103			JTG/T 3652—2022	跨海钢箱梁桥大节段施工技术规程(18075)	30.00
104			JTG/T 3654—2022	公路装配式混凝土桥梁施工技术规范(18231)	60.00
105			JTG/T 3660—2020	公路隧道施工技术规范(16488)	100.00
106			JTG/T 3671—2021	公路交通安全设施施工技术规范(17000)	50.00
107			JTG/T F72—2011	公路隧道交通工程与附属设施施工技术规范(09509)	35.00
108		监理	JTG G10—2016	公路工程施工监理规范(13275)	40.00
109		造价	JTG 3810—2017	公路工程建设项目造价文件管理导则(14473)	50.00
110			JTG/T 3811—2020	公路工程施工定额测定与编制规程(16083)	60.00
111			JTG/T 3812—2020	公路工程建设项目造价数据标准(16836)	100.00
112			JTG 3820—2018	公路工程建设项目投资估算编制办法(14362)	60.00
113			JTG/T 3821—2018	公路工程估算指标(14363)	120.00
114			JTG 3830—2018	公路工程建设项目概算预算编制办法(14364)	60.00
115			JTG/T 3831—2018	公路工程概算定额(14365)	270.00
116			JTG/T 3832—2018	公路工程预算定额(14366)	300.00
117			JTG/T 3832-01—2022	公路桥梁钢结构工程预算定额(18182)	40.00
118			JTG/T 3833—2018	公路工程机械台班费用定额(14367)	50.00
119	养护	综合	JTG H10—2009	公路养护技术规范(08071)	60.00
120			JTG 5120—2021	公路桥涵养护规范(17160)	60.00
121			JTG/T 5122—2021	公路缆索结构体系桥梁养护技术规范(17764)	60.00
122			JTG/T 5124—2022	公路跨海桥梁养护技术规范(18092)	50.00
123			JTG H12—2015	公路隧道养护技术规范(12062)	60.00
124			JTJ 073.1—2001	公路水泥混凝土路面养护技术规范(13658)	20.00
125			JTG 5142—2019	公路沥青路面养护技术规范(15612)	60.00
126			JTG/T 5142-01—2021	公路沥青路面预防养护技术规范(17578)	50.00
127			JTG 5150—2020	公路路基养护技术规范(16596)	40.00
128			JTG/T 5190—2019	农村公路养护技术规范(15430)	30.00
129		检测评价	JTG 5210—2018	公路技术状况评定标准(15202)	40.00
130			JTG/T E61—2014	公路路面技术状况自动化检测规程(11830)	25.00
131			JTG/T H21—2011	公路桥梁技术状况评定标准(09324)	46.00
132			JTG/T J21—2011	公路桥梁承载能力检测评定规程(09480)	20.00
133			JTG/T J21-01—2015	公路桥梁荷载试验规程(12751)	40.00
134			JTG/T 5214—2022	在用公路桥梁现场检测技术规程(18168)	50.00
135			JTG 5220—2020	公路养护工程质量检验评定标准　第一册　土建工程(16795)	80.00
136		养护设计	JTG 5421—2018	公路沥青路面养护设计规范(15201)	40.00
137			JTG/T J22—2008	公路桥梁加固设计规范(07380)	52.00
138			JTG/T 5440—2018	公路隧道加固技术规范(15402)	70.00
139		养护施工	JTG/T F31—2014	公路水泥混凝土路面再生利用技术细则(11360)	30.00
140			JTG/T 5521—2019	公路沥青路面再生技术规范(15839)	60.00
141			JTG/T J23—2008	公路桥梁加固施工技术规范(07378)	40.00
142			JTG H30—2015	公路养护安全作业规程(12234)	90.00
143		造价	JTG 5610—2020	公路养护预算编制导则(16733)	50.00
144			JTG/T M72-01—2017	公路隧道养护工程预算定额(14189)	60.00
145			JTG/T 5612—2020	公路桥梁养护工程预算定额(16855)	50.00
146			JTG/T 5640—2020	农村公路养护预算编制办法(16302)	70.00
147	运营	收费服务	JTG 6310—2022	收费公路联网收费技术标准	110.00
148			JTG/T 6303.1—2017	收费公路移动支付技术规范　第一册　停车移动支付(14380)	20.00
149			JTG B10-01—2014	公路电子不停车收费联网运营和服务规范(11566)	30.00

注:JTG——公路工程行业标准;JTG/T——公路工程行业推荐性标准。销售电话:010-85285659;业务咨询电话:010-85285922/30。